LAS RAÍCES DEL TEMOR

E. A. Montoya

NYC Harvest Publishers

Las Raíces del Temor

ISBN: 9786070047695

ÍNDICE

ÍNDICE

INTRODUCCIÓN

La serenidad es traspasada de cabeza a pies. El sentimiento que se guarda dentro emerge y lo que está pasando en el interior se pone en evidencia pasando a través de la fina capa de piel, de los músculos y de vísceras que le envuelven; "El corazón late más deprisa, la sangre es desviada del estómago hacia el corazón, hacia el sistema nervioso y músculos. El hígado descarga su reserva de azúcar en la sangre, el bazo se contrae e irriga con su reserva de glóbulos rojos y la médula suprarrenal impele su adrenalina"[1]; al acelerarse el ritmo cardíaco, los sudores son fríos, en ocasiones hay pérdida del habla, se produce un eclipse más o menos prolongado de la conciencia[2]; en el plano clínico se observa estupor, agitación, confusión mental. Algunos sujetos paralizados, inermes, incapaces de reacción, gritan, huyen en todas direcciones; la crisis va acompañada de signos psicosomáticos importantes: dolores torácicos, espasmos, disnea (dificultad para respirar), vómitos, cólicos y vértigos (miedo al vacío). La crisis que se alcanza llega a un nivel catastrófico, es toda una tempestad en el organismo.[2]

Estamos ante el terror. No ante un temor convencional que empezaría avanzando un poco cada minuto sino ante lo súbito de un hecho inesperado y vertiginoso. Más que vertiginoso, impetuoso, precipitado y violento. Toneladas despedazadas, miles de personas corriendo en medio de un tumulto de pánico profundo. Para muchos, la vida de nadie es importante sólo la de él o ella. La generosidad y altruismo se desvanecen súbitamente, como la niebla en contacto con los rayos del sol. Se siente en vida correr por los pasillos del abismo que conduce al infierno cayendo a la velocidad de un gran trozo de plomo. Miles de músculos luchan por su propia supervivencia, no habrá salida sino para unos cuantos. Unos pocos minutos más, mientras los músculos de los pies torpes de los poco ejercitados resbalan por los escalones, el fuego sigue avanzando, el concreto se calcina. El acero tan dúctil empieza a liquidarse, su gran rigidez se reblandece. Las robustas columnas, las vigas aperaltadas, las losas nervadas y los refuerzos metálicos laterales empiezan a ceder. Los pisos bajo el intenso incendio se desploman y todo el conjunto se colapsa. ¡Aterrador! Es un miedo exacerbado, el terror en su máxima expresión. El horror y pánico huyen de la mano.

Sería increíble imaginar a un sujeto que camina por los pasillos de este edificio en llamas. Mientras los demás corren en agitación de córnea a médula éste se ve tan tranquilo como quien pasea por el parque en un día de vacaciones soleado.

Está desnudo, no trae ropa puesta sobre sí. Es un hombre quizá demente. Asombrado, veo en mi sueño que no es un hombre cualquiera ni mucho menos convencional, es más de lo que yo alguna vez esperé imaginar. ¡Es Adán, el primer hombre creado por Dios! ¿Cómo puede ser? Un hombre fornido y lleno de vida que luego sale a la calle como si paseara por su Edén, va por las aceras de las estrechas calles enselvadas por gigantescos edificios en llamas como si lo hiciera por las laderas plagadas de mosquitos inofensivos a los que aún piensa en cómo llamarles. ¿Será posible tanta inocencia?

Discurro, medito por un momento y empiezo a comprender. Adán aún no probaba el fruto prohibido y no siente ninguno de los sentimientos que alguno de nosotros sentiría. Adán no puede morir, Adán fue hecho para vivir para siempre.

Digamos que en su cabeza no existe este elemento. No existe porque no tiene ningún objeto que exista. Adán no teme a nada.

En mi sueño voy al Génesis y encuentro algo como una fábula en la que hay una serpiente que habla. Extraño... un animal no puede hablar, está exento de alma, su mente no puede tener raciocinio.

Pero Eva no se sobresalta ni se atemoriza cuando escucha que una serpiente le habla. Para nosotros resultaría extraño y nos haría huir pero tal parece que para ella, que está acostumbrada a ver el poder de Dios a diario, cualquier cosa por más fuera de lo común que fuese le parece como cotidiano. Está tan llena de la presencia de Dios, tan segura en él, que es ilegítimo temer a algo por más horripilante que esto pudiese ser.

Pero la mordida de aquel fruto no fue otra cosa que la desembocadura de aquel sentimiento tan odiado por todos nosotros, el temor.

El temor es un nuevo sentimiento para ambos, algo que no existió antes, el pecado le trajo. Se volvió parte de la nueva naturaleza humana, la naturaleza que todos nosotros heredamos. Sin embargo no deja de ser simplemente un sentimiento, algo que puede dominarse. Los sentimientos no son malos ni buenos en sí, son neutros, a qué están dirigidos y cuál es el objeto de su aparición es lo que realmente importa.

Este libro intenta llegar a las raíces del miedo nacido de ese fatal episodio de la vida humana.

Auxiliándome de los descubrimientos científicos, la filosofía que se encuentra circunscrita a ellos y sobre todo en lo dicho por el experto por excelencia en asuntos humanos: El Espíritu Santo en la Biblia, intento llegar hasta lo más profundo de las raíces de este sentimiento tan despreciado por todos pero que puede convertirse en un aliado maravilloso para nuestro bien. Un aliado en nuestra guerra ¿Cómo puede ser esto?

Sabemos que todo cristiano está en medio de una guerra multidimensional en donde nuestro enemigo principal es el diablo. Sabemos que el reino de las tinieblas trata de infundir temor a los hijos de Dios para ganar las batallas espirituales.

Sin embargo existen otras raíces del temor en donde no es precisamente Satanás quien interviene directamente. Se trata de aquellos temores que nacen del mismo corazón humano de por sí. Pues bien, como introducción al tema que nos atañerá en los capítulos subsecuentes inicio con una explicación generalizada de estas raíces de donde proviene el miedo del hombre.

CAPÍTULO 1

El temor provocado por satanás

Como todos los sentimientos que fueron puestos por Dios para nuestro goce y protección, el temor es el que más satanás ha logrado pervertir para causar en el ser humano efectos desastrosos. El astuto enemigo de nuestras almas encontró en la perversión del temor una gran puerta abierta para destruir los intereses de Dios. Como bien apunta David Wilkerson:

"El temor es el único poder que satanás tiene sobre el ser humano. Dios no nos da un espíritu de temor, esto es sólo cosa de satanás".[3]

Esta es la razón por la que cuando Cristo Jesús camina por esta tierra menciona tantas veces la frase: "No temas", porque satanás ha tenido dominio del hombre debido al siempre mal uso de este sentimiento. Puede decirse que el temor es el sentimiento humano que más satanás ha utilizado a su favor.

Puedo afirmar enfáticamente que el diablo ha utilizado el miedo como una de sus armas más efectivas; y así como en los libros de historia encontramos que los pueblos han utilizado capuchas, picos, máscaras, penachos, pedazos de metal, lanzas con colores vivos, caras pintadas con rojos brillantes, etc. para provocar temor en el adversario, (puesto que si lograban evocar en ellos un sentimiento de temor tendrían ya la batalla ganada), así el diablo busca intimidarnos para ganar la batalla que históricamente libramos a diario con él todos los que formamos parte del reino de Dios.

El diablo no ha tenido respeto para tratar de infundir temor en todos los seres humanos incluyendo, por supuesto, a los que hemos sido lavados con la sangre de Cristo. Vemos, por ejemplo, que aún a los primeros cristianos, hombres y mujeres llenas del Señor, el engañador intentó intimidarles.

En Hechos 4:29-31 leemos:

"Y ahora, Señor, mira sus amenazas, y concede a tus siervos que con todo denuedo (valentía, valor) hablen tu palabra, mientras extiendes tu mano para que se hagan sanidades y señales y prodigios mediante el nombre de tu santo Hijo Jesús.

Cuando hubieron orado, el lugar en que estaban congregados tembló; y todos fueron llenos del Espíritu Santo, y hablaban con denuedo la palabra de Dios". [Lo que está en paréntesis es mío].

El diablo por medio de sus demonios y de los incrédulos (que se constituyen, consciente o inconscientemente en sus cómplices, pues se han convertido en la simiente de Satanás, evocando, por supuesto, Gn. 3:15) gritan, vociferan, maldicen, escupen, lanzan polvo al aire, mueven los brazos sugestivamente, empuñan los nudillos, presionan nuestro cuello, lanzan amenazas de muerte, todo en aras de que no se extienda la verdad del evangelio; que las almas no sean rescatadas del castigo reservado inicialmente para el diablo y sus ángeles (donde la impunidad es imposible); y para mantener a todo cristiano en una vida espiritual miserable.

Pero cuando un cristiano sabe que la muerte está a su favor (Fil. 1:21) y que por tanto no debe temerle, no tolerará por ningún motivo estar de nuevo bajo la servidumbre del diablo (He. 2:14, 15).

Satanás no tiene ningún poder sobre nosotros. ¡La victoria está ganada en Cristo! ¡Aleluya! Sin embargo sabemos que si no estamos debidamente preparados espiritualmente satanás puede lograr engañarnos y tratará de volver a infundir temor en nuestros corazones.

Ahora bien, el miedo, que es un arma aprovechada bastante bien por el diablo, tanto que constituye la más fuerte de las esclavitudes que él mantiene sobre el ser humano (Ro. 8:15, Ef. 2:1-3), no es un sentimiento que él haya puesto en el hombre, sino que con mucha frecuencia ese sentimiento, que inicialmente fue puesto por Dios para nuestro bien, es utilizado en nuestra contra para deshacer los propósitos puros y santos de nuestro muy amado Señor.

El miedo que nace del corazón del hombre

El segundo de los dos principales troncos o raíces del temor que explico en este libro se presenta en el momento en que surge la posibilidad (y a medida que esta posibilidad sea mayor, aumenta el miedo) de que el fundamento de nuestra vida, de lo que está en nuestro corazón, sea socavado. El fundamento de nuestra vida es donde está nuestro tesoro. Es una bóveda que está en el centro de nuestro corazón. Y en esta bóveda no necesariamente tiene que contener algo que ya tenemos, sino puede estar allí únicamente un deseo de tener algo que amamos tanto como si lo tuviésemos.

Este es el hilo de nuestro gozo. De la satisfacción de este deseo o de la preservación de lo que ya poseemos parten todos los demás aspectos de la vida. Es un asunto de juicio y de sopeso. Lo que juzgamos más valioso en nosotros se erige como el fundamento de todo nuestro edificio.

Si en algún momento una bomba explotase en los cimientos de ese edificio, que es nuestra vida, inmediatamente viene un temor enorme que provoca alteraciones en los órganos sensoriales específicos (la reacción pupilar, por ejemplo), tensión, temblor, hiperestesia sensitiva y sensorial, exageración de las reacciones vasomotoras (palidez, congestión facial, transpiración) y tendencia a los espasmos, taquicardia, perturbaciones de la locución, trastornos digestivos y urinarios y en ocasiones desorden en las ideas.

Todo esto y más se provoca a raíz de una gran conmoción en el centro de nuestro máximo amor. ¡Esto es un ataque frontal y sólido contra el fundamento de toda nuestra vida!

Siempre me pregunté la profundidad del texto que dice: "*Los que confían en Jehová son como el monte de Sión, que no se mueve sino que permanece para siempre"* (Sal. 125:1). Decía, ¿cómo puede ser realidad este pasaje en aquellos cristianos que confiaron tanto en Dios pero que luego tuvieron grandes afrentas y dolores? Veo a un Pablo que sufrió persecución y azotes; que fue apedreado, golpeado, encarcelado, puesto en el cepo, que padeció hambres y desvelos, naufragios, desprecios de todos y finalmente (y esto según fuentes extra bíblicas) fue muerto como un maleante. Luego observo al apóstol Pedro que fue encarcelado, maltratado y perseguido, y que al final murió en forma dramática y aterradora. Y qué no decir del gran profeta Jeremías, que tuvo hambre y sed por semanas enteras, que fue metido en una cisterna con heno arriba de los tobillos, y durante su vida padeció muchas pobrezas y aflicciones... tantos ejemplos hay...un hombre débil y enflaquecido que fue conducido a la cárcel en Birmania para permanecer ahí por muchos años y que ayudado por su esposa Ana hicieron una gran obra misionera en medio de intensos sufrimientos, Adoniram Judson. Otro que realizó intensas caminatas por el África aún inexplorada, David Livingston... ¿Es necesario continuar? La lista es interminable; leyendo Hebreos 11 se confirma más aun lo que digo. Pero aún con todo eso el Señor continúa diciendo que quien tiene su máximo deseo en agradarle a él es como el monte de Sión. ¿Por qué? Sencillamente porque si su máximo deseo es agradar a Dios, este deseo siempre será satisfecho, (porque el Espíritu de Dios no falla) y su gozo de esta manera perdura encima de todas las aflicciones. ¿Cómo voy a temer perder algo que no me importa retener? Si pierdo todo mi dinero no se derrumba toda mi vida porque mi corazón no está en el dinero. Si perdiere mi esposa e hijos no se deshace mi vida porque ellos no son mi fundamento. Si me quedase sin empleo, si fracasase en mi ejercicio profesional, si perdiere mi belleza física, aún y si no pudiese alcanzar mis máximos anhelos por la obra de Dios, mi corazón, mi fundamento no está allí; sino que mi máximo anhelo está en serle agradable y yo lo satisfaré todos los días por su Espíritu Santo. Jim Elliot dijo en cierta ocasión: "no es tonto el que pierde lo que no se puede retener por ganar lo que no se puede perder".

Y ¿es posible que los fundamentos de un hijo de Dios quien le ama con todo su corazón sean socavados y desplomados? Como en otra parte dice: *"Si fuesen destruidos los fundamentos, ¿qué ha de hacer el justo?"* (Sal.11:3). De esto Thomas Fuller comenta:

"Respondemos de modo negativo, que es imposible... Por la razón de que tenemos una promesa explícita de Cristo: << Las puertas del infierno no prevalecerán contra ella>>[4]

Quien tiene su corazón en las cosas eternas, quien tiene su vista puesta en Cristo es inconmovible ya no habrá nada que sea tan fuerte que le pueda apartar de él (Ro. 8: 35-37) y por consecuencia no experimenta el temor que tienen los que tienen sus esperanzas en las cosas de la tierra. Ellos siempre estarán esclavizados por el temor porque el fundamento de su gozo se encuentra construido por las cosas que perecen.

¿Entonces estos hombres y mujeres que he mencionado están exentos del temor? ¿Será que ellos le han eliminado por completo? No, el temor no se puede eliminar del corazón, es un sentimiento que siempre estará ahí, sin embargo, a ellos no les domina, el temor es un sentimiento aliado que les ayuda a crecer, ellos van hacia arriba, su vida es siempre ascendente. El temor de un cristiano auténtico, quien tiene su máximo deseo en agradar a Dios, está tan refinado como el oro, es un temor a ofenderle. Teme a Dios, su temor es reverente y le ayuda a mantenerse en santidad. Es un temor puro sin el gobierno de la carne ni del mundo ni de Satanás. De ello hablaremos con más detalle en los capítulos subsecuentes en donde defino la diferencia entre estos temores que nacen del centro de los sentimientos humanos y que no necesariamente tienen que ver con el exterior.

La idea de eternidad

Quisiéramos negarlo, pero el peso de la realidad no se puede evitar, después de todo el temor es un sentimiento al que todos los seres humanos algún momento damos lugar.

Nuestros esfuerzos por disuadirlo, en muchas de las ocasiones son inútiles. El hombre racional ha hecho históricamente grandes esfuerzos por eliminar el miedo, por lo que no podemos desmerecer el mérito científico que ha colaborado desde hace muchos años con el propósito de Dios para que el hombre sea liberado de sus dolores, los dolores inherentes a una tierra maldita que está sujeta a vanidad y esclavitud. Sin embargo sus esfuerzos no han sido suficientes y en ocasiones, lamentablemente la tecnología creada por la humanidad ha acrecentado más los temores en el corazón de muchos. Por esta razón tenemos que admitir que tan sólo Dios, el que lo puede todo, es el único que puede dominar completamente este sentimiento tan rebelde e indómito. El poder de Dios es siempre la solución definitiva, y parece no obstante tan increíble pensar que sea esto precisamente lo menos recurrido por la sociedad de nuestros días, una sociedad que cree ser autosuficiente.

Las raíces del temor son profundas y fuertes, por lo que no es nada sencillo arrancar de nuestra mente y corazón este sentimiento que existe por naturaleza circunscrito al panorama humano. En sentido figurado, vemos monstruos y fantasmas por todos lados; seres y entes existentes e inexistes que afligen nuestra vida, pueden ser monstruos de fracaso en el matrimonio, de escasez económica, de inferioridad, de violencia física, de inadaptación social, tantos hay además de éstos, la lista es muy larga.

Y no solo el temor es ver monstruos y fantasmas, sino también es estar cegado, no ver nada también produce miedo. La ceguera misma produce más temor que la visión muchas veces.

¿Por qué? ¿De dónde nace esto? Podemos empezar por decir

que la naturaleza humana tiene una muy corta visión de las cosas espirituales en contraste con una gran concentración para las cosas de la tierra, las terrenales. Esta es la respuesta a la franqueza del apóstol Pablo al escribir: *"no os conforméis a este siglo..."*

La poca claridad que se produce a raíz de la mundanalidad es sinónimo de una nebulosa visión de eternidad.

Por ello es lamentable que haya millones de personas que viven en la esclavitud del temor casi cada minuto de su vida. Hay quienes no hay día que no sean presos de sus terribles y horripilantes cárceles. El hombre natural no es capaz de resistir semejante sentimiento que viene de cuando en cuando a latiguearle y, dado que se encuentra en la orfandad espiritual y no hay quien le libre, no puede hacer nada para impedir que ese horripilante y desfigurado verdugo le convierta una y otra vez en su presa.

Así, no hay un pensamiento al horizonte eterno que pueda alejar al hombre o mujer de las cosas de este mundo y así acercarle al Ser Supremo que habita en la plenitud de toda paz. Su corta visión de la eternidad le imposibilita para vencer a ese hambriento e insaciable sentimiento degenerado por una naturaleza de pecado: El temor.

Ahora bien, hay suficiente claridad en la mayoría de los cristianos con respecto a la mayoría de las afirmaciones anteriores, sin embargo, alguno puede decir, el temor es tan sólo para los que no conocen a Dios, por lo que pregunto ¿es posible contestar a la pregunta de si el cristiano puede ser gobernado por el temor? La Palabra de Dios nos indica que sí. Podemos vivir en la indigencia espiritual, aún ya habiendo sido lavados por la sangre del Cordero y esa indigencia se traduce en una vida gobernada por el temor en algunas o muchas áreas de la vida durante períodos más o menos largos, por ello que el apóstol Pablo recomienda:

"Si, pues habéis resucitado con Cristo, buscad las cosas de arriba donde está Cristo sentado a la diestra de Dios"

Col. 3:1.

¿Qué sucede si buscamos las cosas de la tierra? ¿Qué sucede si perdemos el horizonte de eternidad?

El principio es simple. A medida que nos preocupamos más por las cosas que inciden en la tierra, las cosas de abajo, el temor se enseñorea más. A medida que nos alejamos de ellas y nos acercamos a ese Dios en el cual hemos resucitado nos inmergimos más en su seguridad, paz y amor que fluyen como un río caudaloso que no se detiene sino que irriga nuestro interior fructificando en todas las áreas de nuestro ser. *"por qué te abates oh alma mía, espera en Dios porque aún he de alabarle..."*

La eternidad es profunda, ancha, infinita, llena de luz o de oscuridad, pero sin fin. Lo que para algunos una ola en el mar puede ser fuente de gozo, para otros los puede ser de muerte. Para Jack Cousteau pasar muchas horas de su vida inmerso en el mar fue un gran placer, mientras que para los pasajeros del Titanic el mar fue su tumba. La eternidad es un asunto de estar preparado o desprovisto. Jack quiso que el mar le fuera eternamente feliz e inventó para ello junto con Émile Gagnan el regulador utilizado en los equipos de buceo, muchos otros nunca tuvieron algo así para sobrevivir en las profundidades, simplemente no estuvieron preparados para enfrentar la inmensidad del mar.

Para el que está aún en sus pecados la eternidad es un pasmoso terror sabiendo que por la noche, cuando no hay luz para trabajar, y que el tiempo de elección esté concluido y el juicio del hombre, tan negado por muchos, tan ignorado por la mayoría, por fin llegue, todo será demasiado tarde.

El juicio de Dios es inminente, y en aquel día nadie podrá resistir sus propios sentimientos. Aún el sujeto más insensible en su vida terrena será objeto de un torrente de sentimientos que tendrá que sufrir quiera o no. El momento final será el esplendor de los sentimientos, los sentimientos correrán por doquier, nunca hubo ni nunca habrá tal despliegue de sentimientos reunidos en un sólo sitio: El trono Altísimo y Sublime de Dios. Un trono tan alto que apenas se le puede ver, un Personaje sentado en un trono blanco y las faldas del que está sentado en el trono deslizándose por los altos escalones que dan pie al trono. Los sentimientos de miles de hombres y mujeres y ángeles que son llamados hijos de Dios mostrando júbilo y regocijo al estar al lado del Padre de toda vida en el universo, humillados y orgullos de su Dios a la vez, su corazón sin habla por el inmenso gozo pero en su mente y sus labios un susurro de alabanza mientras el juicio se da. Más del lado obscuro un terrible temor expectante, un temor encallado y confinado en los grandes y pequeños que estarán de pie ante Dios esperando el juicio de su alma. Ya toda obra para el hombre está concluida, lo que diga o deje de decir no tiene validez, no hay réplica, no hay abogacía para quien conoce los hechos, los díceres y los pensamientos de todo ser humano. Dice la Biblia:

"Y vi un gran trono blanco y al que estaba sentado en él, de delante del cual huyeron la tierra y el cielo, y ningún lugar se encontró para ellos. Y vi a los muertos, grandes y pequeños de pie ante Dios; y los libros fueron abiertos, y otro libro fue abierto, el cual es el libro de la vida; y fueron juzgados los muertos por las cosas que estaban escritas en los libros, según sus obras. Y el que no se halló inscrito en el libro de la vida fue lanzado al lago de fuego. Ap. 20:11, 12,15."

El juicio no será una sorpresa. Día y noche hay una voz interior que fue puesta por Dios, cuyo trabajo es decir: "Prepárate para el encuentro con tu Creador, porque hay, detrás de esta vida una eternidad que tienes que afrontar, ¿qué harás o dejarás de hacer para ese encuentro?" ¿Qué hay detrás del velo de la muerte, de la separación del cuerpo? No hay ser humano que no piense y al pensar ve en su interior y explora. Explora para imaginar que hay algo que le da seguridad después de la muerte; pero después de buscar y buscar exhaustivamente se da cuenta que hay vanidad solamente. No hay nada.

Dios ha puesto en el hombre la idea de eternidad, dice Eclesiastés:

"Todo lo hizo hermoso en su tiempo; y ha puesto eternidad en el corazón de ellos, sin que alcance a entender la obra que ha hecho Dios desde el principio hasta el fin" Ec. 3:11

Por esto el hombre y la mujer piensan en la eternidad, todos los seres humanos, sin importar raza, credo, educación, sexo y lengua lo hacen; el hombre a través de los siglos y en todas las comunidades ha pensado y piensa en la eternidad. Todos tenemos la idea de eternidad simplemente porque existe.

Robespierre, líder de la revolución francesa, dijo en cierta ocasión: "No, la muerte no es un sueño eterno. Borrad de las tumbas esa inscripción impía, que extiende un crespón fúnebre sobre la naturaleza y que constituye un insulto a la muerte. Grabad más bien esta máxima: <<la muerte es el comienzo a la eternidad>>".

La ciencia ha demostrado (como ya se comentará más adelante) que existen en el ser humano ideas natas; como una pre-programación cerebral. Un cúmulo de sentimientos preconcebidos que actúan sin necesidad de estímulo alguno en el recién nacido. Parte de estos sentimientos que constituyen un equipo estándar de mecanismos fundamentales es el temor. La idea de eternidad constituye asimismo una idea humana que no necesita ningún tipo de estímulo. ¿Por qué está allí? ¿Quién le puso? La respuesta la hemos leído en la Palabra de Dios. Dios mismo ha puesto en el ser humano la idea de eternidad. A nadie, por lo tanto, le asombrará que su alma aún viva después de la muerte cuando haya pasado a través de ella.

El hombre aprende por la experiencia a ocultar sus propios sentimientos en virtud de impedir presentarse desventajosamente ante la sociedad. Uno de esos sentimientos frecuentemente ocultados por los seres humanos es el temor. El temor a la eternidad ha sido ridiculizado por la sociedad en consecuencia al proyecto satánico de condenación de la raza humana, sin embargo no deja de estar allí. Es como un volcán pasivo, acallado y amordazado que en el día menos preciso erupcionará. El sentimiento de temor se tornará en un terror repentino que será imposible aquietar.

El temor a la muerte es el temor a dar un paso hacia un mundo desconocido, un mundo jamás transitado que está fuera de nuestro control. ¿Quién ve la muerte como un viaje a un destino desconocido, como navegar en un mar del cual no tiene ningún mapa?

Los más intrépidos navegantes navegaron basándose en cuentos, leyendas, creencias, cálculos muy vagos confiando en que llegarían a algún lugar paradisiaco. Cuando estaban en tempestad y llevaban muchos días de estar navegando, no tenían ya agua ni comida, el temor se apoderaba de ellos —podemos imaginar historias aún de actos humillantes y desesperados entre los más civilizados— el temor les orillaba a hacer cualquier cosa. Por lo tanto el miedo más grande de un navegante era estar desprovisto de un mapa y de una brújula que les salvara de navegar a la deriva. El hombre y la mujer sin Cristo carecen de un mapa para navegar en la eternidad que saben que existe porque la voz de su interior sigue hablando a lo largo de toda su vida.

Propósito máximo del temor humano

En el día del juicio será desenmascarado el verdadero significado de cobardía. El significado de cobardía según el pasaje bíblico de Apocalipsis 21.8. Cobardía es no querer enfrentarnos con nuestros propios pecados y evitar ir a los pies de Aquel a quien hemos ofendido. Es vivir una vida de satisfacción personal temiendo a todo lo que no se debe de temer. Y los cobardes que se creían valientes no podrán ocultar su temor y es entonces cuando este sentimiento aflorará y se cumplirá la profecía:

"Vivo yo, dice el Señor, que ante mí se doblará toda rodilla, y toda lengua confesará a Dios" Ro. 14:11

Si el temor representa sufrimiento. ¿Dios quiere que suframos? ¿Por qué Dios puso temor en el hombre? ¿Con que propósito? El propósito último de Dios es que en el final de los tiempos toda su creación le adore. ¿Es justo esto? Estamos convencidos de que es justo lo que el Creador dice que es justo. El temor fue puesto en el hombre para que en el fin de todos los días toda rodilla se postre para adorarle.

Dios puso la idea de eternidad y el temor. Ambos elementos son primarios en el hombre. El primero es idea que navega en el mar mental del hombre y el segundo un sentimiento que es una plataforma de lanzamiento para nuestras decisiones. Son en conjugación lo que obliga al hombre a postrarse ante Dios y hacerlo objeto de su adoración, aunque en las circunstancias descritas en Apocalipsis sea demasiado tarde. La muerte física habrá eliminado toda posibilidad de perdón y esa adoración será sólo un último intento por lograr la misericordia divina pero ahí, en ese tiempo y en ese lugar, lamentablemente, el trono de misericordia de Dios se habrá tornado en un trono de juicio.

Miedo a la muerte

La muerte es por tanto la puerta de entrada a la eternidad, y todo el mundo le teme. Y le teme porque la muerte es un estado de transición a un mundo desconocido; un viaje con boleto pagado desde el momento de nacer.

Séneca dijo: "El día ése, que temes como el último día de tu vida, es el de tu nacimiento a la eternidad" ¿Qué será después de la muerte? Esta es una pregunta terrorífica para quienes no conocen a Cristo que provoca una parálisis de los sentidos.

"No estoy preparado para morir" han dicho los grandes filósofos, historiadores, artistas, científicos, políticos, etc. Las más grandes personalidades han temido a la muerte.

T. Hobbes dijo en 1679 en sus últimas palabras: "Estoy a punto de emprender mi último viaje; voy a dar el salto en la obscuridad".

Otro de los hombres famosos de la historia, François Rabelais: "me voy en busca de un gran quizás: bajad el telón, se acabó la comedia."

Durante el día el hombre y la mujer se ocupan en mil y una actividades, pero cuando cae la noche, en la tranquilidad del descanso su mente se envuelve en los más terribles temores. Y hasta en los de consciencias más apagadas tarde o temprano llega una noche en la que alzan su vista a la eternidad. Empiezan a imaginar cómo será la transición, piensan qué será después de la muerte y descubren que su alma no está preparada. Es entonces cuando, en cuestión de segundos su cuerpo empieza a experimentar los síntomas del temor, su alma se achica y su ser se vuelve como un bocado de pan.

¿Es posible prescindir de este sentimiento? ¿Existirá quién no tema a la muerte? ¡Oh, sí los hay!... Los que han nacido de nuevo en Cristo, los que han abrazado Su amor, los que han decidido aceptar a Cristo como su salvador personal y viven una vida de obediencia conforme a la Biblia. Ellos no temen a la muerte.

Pero ¿Por qué no temen a la muerte? La respuesta es simple: Ellos tienen como Dios al que posee las llaves de la muerte (Ap. 1:18). El dueño de la inmortalidad que habita en luz inaccesible (1Ti. 6:16). ¿Cómo no habitarán confiados si saben que son llamados hijos de Dios (Jn. 1:12)? Cómo no estarán seguros si saben que creen como dice la Escritura (Jn.7:38) y que tienen vida eterna (Jn. 3:36). Si saben que son como un monte que no se mueve sino que permanece para siempre (Sal. 125:1). Si saben que sus nombres están inscritos en el libro de la vida (Ap. 3:5). Si saben que Dios no se avergüenza en llamarse Dios de ellos (He 11:16) sino que les tiene preparada una ciudad.

El famoso reformador protestante Zwinglio dijo en cierta

ocasión: "Cuanto menos temas a la muerte, mayor será esto señal de que posees una fe firme".

Los hijos de Dios no sólo no le temen a la muerte sino que la consideran como pasaporte para una vida mejor en la presencia del Señor. Esto es tan real que la definición de la muerte para un verdadero cristiano es esta: La muerte es ganancia –en palabras de Pablo– *"Para mí el morir es Cristo y el vivir es ganancia"* (Fil. 1:20).

Pero no es fácil vislumbrar los beneficios de la vida eterna en Cristo cuando existe una mente llena de cosas terrenas. En el estricto sentido los incrédulos viven en una irrealidad de conciencia eterna.

El temor viene ante la realidad

Para darnos cuenta de esa irrealidad de conciencia eterna, podemos dar un vistazo al mundo de la ciencia. Un mundo creado por el hombre a partir de observaciones, razonamientos lógicos y experimentación cuyo resultado son teorías que son comprobables mediante los sentidos.

En este mundo —que es a la vez maravilloso e enigmático— se encuentran las matemáticas. Ese conjunto de símbolos y números que tantos dolores de cabeza causan a la niñez y juventud.

Cuando nos la presentaron (en aquel entonces unos niñitos), todos (o la aplastante mayoría) veíamos las matemáticas como algo impráctico e innecesario para la vida. No alcanzábamos a vislumbrar su enlace con la vida diaria; para nosotros, en ese entonces inexpertos niños, las matemáticas eran una pérdida de tiempo.

Pero alguien que sigue avanzando en el conocimiento de la ciencia se da cuenta que las matemáticas cada vez son más útiles. Luego entiende que las matemáticas son necesarias para el diseño de la estructura de los edificios, de carreteras, de canales, puentes... Después, ya apasionado, descubre que las matemáticas aplicadas en la estadística son la principal causa de que nuestra vida en la tierra sea más cómoda. Luego se pregunta: El cielo... ¿el cielo de los astros, tendrá alguna relación con las matemáticas? Y profundizado en la ciencia espacial y aeronáutica, descubre que todo se basa en ecuaciones matemáticas. El cielo está hecho de ecuaciones y de millones de cosas previsibles.

La esgrima de las matemáticas ha llevado al hombre a la luna y ha llevado objetos hechos por el hombre a sitios tan lejanos como el planeta Marte y aún sigue explorando.... sigue explorando... sigue esgrimiendo las matemáticas....

Sin importar lo que pensábamos de niños o si alguien llamaba locos a los que creyeron en que se iba a construir bajo el mar, que se iban a librar claros de kilómetros sin sostenimiento aparente, que se iban a construir edificios de cientos de metros, que se iban a enlazar islas mediante túneles subterráneos en la plataforma continental bajo el mar, que se iban a construir transbordadores, que se pondrían a girar satélites, que se extraerían materiales de la luna... Nada se puede hacer ante la realidad. ¿De qué sirvió todo el escepticismo? ¿Que alguien me diga dónde están los escépticos? ¿En dónde están sus teorías y filosofías?...Nadie puede ante la realidad. Nadie puede ante lo tangible.

Toda persona es libre para pensar cuanto quiera acerca de las matemáticas: pero nadie puede ante la realidad, ante lo que ven nuestros ojos, ante lo que podemos palpar y sentir al darnos cuenta que no es una ficción, es la realidad. No importa que se piense en "otra" realidad. Nadie puede con la verdadera realidad.

Cualquier persona con coordinación mental normal podrá ser escéptica (está en su derecho de serlo), pero no podrá resistir los sentimientos que vendrán inmediatamente después de enfrentarse con la realidad.

Por ello dice la Palabra de Dios que el que no cree en Dios es un necio (Sal. 14:1) luego que no se puede contrariar la racionalidad de la existencia de Dios.

"Porque las cosas invisibles de él, su eterno poder y deidad, se hacen claramente visibles desde la creación del mundo, siendo entendidas por medio de las cosas hechas, de modo que no tienen excusa".

Ro. 1:20

Uno de esos sentimientos es el que experimentaron los hombres de Jericó. Jericó era una ciudad fortificada. Segura por sus murallas infranqueables. Decenas de ejércitos habían querido saborear su leche y su miel, pero se pulverizaban ante la invulnerabilidad de sus enormes muros. Era obvio que muchos habitantes de Jericó se mostraran escépticos al oír la posibilidad de que un pueblo formado por ex esclavos pudiera hacer caer sus muros. Además los hombres de Jericó eran muy altos y fuertes; sabían además que los mismos israelitas les tenían miedo. Seguramente se burlaban de ellos cuando estaban rodeando la ciudad. Pero toda su seguridad se desplomó con las murallas. Los hombres altos y fuertes de Jericó sintieron un gran temor. Entendieron que lo que se rumoraba del Dios de los Israelitas era real ¿Por qué sintieron ese temor? Porque estaban enfrentándose con una muerte segura al ver la evidencia tangible del poder del Dios de Israel.

Pero qué hay de las evidencias intangibles. ¿Puede verse la luz? ¿Puede palparse la energía del magnetismo? ¿Se puede oler u oír las ondas radiales? No se pueden comprobar sensorialmente, pero existen. No por no ser tangible quiere decir que no existan. Por ello podemos afirmar que el cambio de personalidad en un ser humano normal no es una evidencia tangible (aunque ¡cuán hermoso es el rostro de un redimido por Jesús!), pero no por ello deja de ser una demostración del poder de Dios. El poder de Dios no tiene limitaciones, trasciende a lo intangible que es aún más poderoso.

Los escépticos, los religiosos, los filósofos pueden creer

cuantas filosofías e ideologías les dé su capacidad creativa y racional, sin embargo cuando ven ante ellos la realidad de la muerte, cuando vean ante ellos la realidad del juicio de Dios sentirán un profundo temor, tan grande que les enmudecerá pero ya será demasiado tarde.

Hay tiempos sensatos para sentir temor. Un sujeto que no sabe nadar puede sentir temor del agua antes de sumergirse en ella y muy seguramente no se arrojará al agua si no tiene una necesidad imperiosa. Pero uno torpe, insensato e irracional empieza a sentir miedo hasta el momento en que, después de haberse arrojado al agua se esté ahogando. El rey de Jerusalén sintió temor al oír de las victorias de Josué antes de que viniera contra él pero actúo rebeldemente y se alió de otros cuatro reyes que lucharon en vano contra el Israel de Dios. El resultado: fueron despedazados ante el ejército israelita y ni el declinar del sol pudo evitarlo. Gabaón en cambio fue astuto y después de sentir el temor que experimentaron los de Jerusalén al ver el poder del Dios de ellos, se alió con Israel y esto les salvó de la ruina. Joab sintió temor al asirse de los cuernos del altar, pero ya era demasiado tarde.

Rahab, en cambio, reconoció el poder de Dios actuó, y librando a los espías, se salvó de perecer, fue contada en el pueblo de Dios y la bendición más grande: formó parte de la genealogía de Cristo.

Estos ejemplos nos hacen reflexionar. La ira de Dios vendrá y no tardará, temámosle ahora que vemos su poder y él será amplio en perdonar. Ahora Dios está cercano. Tenemos tiempo y oportunidad. Después será demasiado tarde.

Las evidencias están a la vista. No importa lo que pensemos, no importa las filosofías en que creamos, lo importante finalmente son los hechos. Las cosas que valen finalmente son los resultados producidos. Dios está esperando que lo pongamos a prueba para mostrar su poder. El Dios de la Biblia es el mismo que sana a los enfermos, que hace andar a los paralíticos, que hace crecer los miembros deformes, que da luz a los ciegos de nacimiento, que da paz al ser humano; que restaura las familias, que sana a los drogadictos de drogas duras (cocaína, heroína, crac, DSL, etc.) y blandas (Tabaquismo, alcoholismo...); que restaura a los esquizofrénicos y que da vida a los muertos. Esas son realidades y no ficción, estas son evidencias y no filosofías y palabras huecas, esto es poder y no ilusiones ópticas, ni fantasías. ¡Esto es el poder de Dios!

Finalmente el poder de Dios nos tocará. Sino es ahora lo hará después. El "después" de que hablo es aquel en el cual todos los tardíos en la experimentación del poder de Dios estarán indefensos e impotentes a causa de estar viendo y escuchando vívidamente la majestuosidad y poderío del Juez que en ese momento se mostrará airado para dejar caer el peso de su justicia. Ellos sentirán un profundo temor, el sentimiento será entonces tardío. La sentencia está escrita en una pantalla gigantesca:

"Y el que no se halló inscrito en el libro de la vida fue lanzado al lago de fuego".

Ap. 20:15.

Conclusiones:

1.- Nadie puede negar que más de una vez todos hemos pensado en la eternidad. Todos los seres humanos, sin distinción de pueblo o lengua hemos pensado en la eternidad. Esto comprueba que lo que dice la Biblia es verdad: Dios ha puesto en cada ser humano la idea de que existe una eternidad. Después de escuchar la voz de nuestro propio interior diciéndonos que existe vida después de la muerte física, la segunda verdad que necesitamos entender es que Dios es quien determina nuestro destino eterno. "Está establecido para los hombres que mueran una vez y después de esto el juicio" (He. 9:27).

2.- Aunque el ser humano lo niegue, la idea de eternidad está puesta en él y actúa en coordinación con el temor a la muerte con la finalidad de que el hombre y la mujer se acerquen a Dios.

El diseño de este mecanismo (que procede de Dios) tiene como propósito que todo ser humano se aproxime a su trono de misericordia en vida. De otra manera, al pasar por el túnel de la muerte no quedará otro remedio que experimentar el máximo propósito de Dios al poner en él el temor. Este máximo propósito es que todo ser viviente, que todo ser humano por él creado, adore al Padre de todos los espíritus y al Cordero que está sentado en el trono. Más entonces, siendo que no se acercó a Dios a tiempo ni esa humillación temerosa podrá salvarle.

3.-Todos experimentan el miedo a la muerte (como el rey del miedo a lo desconocido), sin embargo los verdaderos hijos de Dios ven la muerte como el punto de partida hacia una eternidad en la pureza de la presencia de Dios. Y a medida que estos últimos buscan las cosas de arriba donde está Cristo y dejan de preocuparse de las cosas de la tierra, el temor en su vida es desarticulado hasta que finalmente, cuando toda nuestra confianza y esperanza está puesta en Dios, el temor es sometido, digamos que le convertimos en nuestro aliado. En otras palabras, ese sentimiento tan poco contralado por el ser humano es puesto en el lugar donde debe estar, Dios le pone orden. Sin embargo, tenemos que mantener este sentimiento, como todos los demás, en ese orden establecido por Dios, para ello necesitamos mantenernos siempre cerca del Señor. O dicho en las palabras de Pablo en la carta a los Colosenses: Buscar las cosas de arriba, no las de la tierra.

Oración

Señor tu muerte me ha dado vida eterna y no tengo porque temer a mi muerte. La muerte no es mi enemiga, es tan sólo un medio para alcanzar definitivamente la eternidad en ti. Me regocijo al pensar que tú moriste por todos mis pecados, y me entrego a ti, quiero que tú seas el guardián de mis sueños y de todos mis días. He decidido vivir en ti y para ti, reitero por tanto mi pacto de vivir bajo tu sombra cada día. Busco las cosas de arriba donde estás tú, no me preocuparé ni temeré más por las cosas de esta tierra porque tú tienes todo bajo tu control. Oro en el nombre del bendito Hijo de Dios Jesús.
Amén.

CAPÍTULO 2

El temor en nuestra mente

La personalidad de todos nosotros se compone de tres elementos generales: emociones, intelecto y voluntad. Las emociones o sentimientos son expresiones humanas resultado de una serie de relaciones entre lo que se encuentra en nuestro intelecto y la información procedente del exterior.

Desde su nacimiento, el hombre y la mujer tiene ya sentimientos innatos que poco a poco se van desarrollando creando en él o ella una personalidad que servirá de empiedre base para toda su vida. De hecho es interesante hacer notar que los especialistas recomiendan que se dé especial atención a los bebés para educarlos de tal modo que esos sentimientos base sean lo más refinados posibles sobre todo en el primer año de vida del bebé. [5]

El temor, como ya se dice en otras partes de este libro, es innato en el ser humano, uno de los sentimientos (que con el amor y el enojo) forman parte de las emociones " primarias" (por llamarles de algún modo) que todos poseemos al nacer.

Por tanto temer es, en este sentido, sinónimo de estar vivo, de tener conciencia, de tener sentimientos. Los sentimientos, junto con nuestro raciocinio, nos distinguen de las bestias (aunque pareciera que algunos animales tuvieran también sentimientos).

Pero a medida que pensamos bien y sentimos bien, estamos siendo más humanos. Porque pensar y sentir bien no es tan sencillo como parece. Definitivamente hay maneras más convenientes de pensar. No se puede decir que todas las medicinas son las que aliviarán nuestra enfermedad; hay cosas que funcionan y otras que llanamente no. Hay quienes predican que todas las maneras de pensar son válidas, esto filosóficamente parece mirífico, pero ¿realmente es práctico? —Está sujeto, como todas las aseveraciones, a comprobación y hasta ahora no hay quien pueda hacerlo con claridad—, pero algo que se encuentra tan endeblemente establecido no merece crédito ni consideración. ¿Todas las maneras de sentir son válidas? No, definitivamente. Hay una sola línea de sentimiento y pensamiento que realmente satisfacen de manera plena las necesidades humanas. Puede haber muchas, pero sólo una logrará satisfacer a todos los seres humanos en general. ¿Esta aseveración está sujeta a comprobación? Sí, es lo que haré ahora.

Hay prototipos humanos que se gestan en todas las razas, culturas y credos. Características universales que funcionan perfectamente para toda la raza humana. ¿Hay relativismo? Sí. ¿Hay absolutismo? También. Pero ni todo puede ser relativo, ni todo puede ser absoluto, de otra manera habría un tremendo caos. El comportamiento humano es diverso pero hay comportamiento que funciona para todos los seres humanos y que trasciende a la cultura. Es supracultural. Pero no por imposición de nadie sino del Creador. Dios hizo al hombre con características inherentes a él que se repiten una y otra vez en millones de hombres y mujeres de todas las épocas y sociedades.

En la antigüedad existían prejuicios en algunas sociedades en cuanto a que los hombres y mujeres blancos eran superiores a los de otras etnias (y digo etnia porque existe una sola raza, la raza humana). Pero algunos ya tenían la sensibilidad para afirmar que esto era una mentira aún sin poseer pruebas estrictamente científicas, se basaban únicamente en la Palabra de Dios que dice:

> *"... y de una sola sangre ha hecho todo el linaje de los hombres, para que habiten sobre la faz de la tierra.... "*
> *Hch. 17:26*

> Abraham Lincoln, siendo un creyente de los principios Bíblicos y poseedor de una sensibilidad extraordinaria –un hombre cuyo pensamiento y sentimientos eran superiores a los del hombre promedio– escribió, en su pensamiento antiesclavista, en 1854:
>
> "Si A. puede comprobar (no importa lo concluyente que sea su comprobación) que tiene derecho a esclavizar a

B. ¿por qué B no ha de apropiarse de los mismos alegatos, igualmente, que tiene derecho a esclavizar a A?

Decís que A. es blanco y B. es negro. Entonces se trata del color; ¿el más claro tiene derecho a esclavizar al más obscuro? De acuerdo con esta regla, seréis esclavos del primer hombre con quien tropecéis cuya piel sea más blanca que la vuestra.

¿No os referís precisamente al color? ¿Queréis decir que los blancos son superiores intelectualmente a los negros y que, por tanto tienen derecho a esclavizarlos? Cuidado. Según esta regla, habréis de ser esclavos del primer hombre blanco que encontréis cuya inteligencia sea superior a la vuestra.

Pero decís que es cuestión de interés y que si podéis convertirlo en interés vuestro, tenéis el derecho de esclavizar a otro. Muy bien. Y si ese otro puede convertirlo en interés suyo, el tendrá derecho de esclavizaros".[6]

Los antropólogos han comprobado que realmente no existe en el mundo una etnia que sea realmente pura. Ni aún los negros en África constituyen una raza completamente pura. Se sabe que hay dos tipos de etnias africanas: Los términos "hamita" y "negro" se usan a menudo para distinguir los grandes grupos raciales en África: el primero, del norte; el segundo del sur. Pero en realidad toda población negra representa un "agregado" de caracteres hamíticos, y los hamitas mismos no son por cierto, una raza pura. Si la gente de color en África no forma una étnia completamente pura. ¿Acaso lo serán las etnias consideradas típicamente europeas (nórdicos, alpinos y mediterráneos)?

Las características humanas de tipo de cabello, color de ojos, tamaño y forma de la cabeza, talle, etc. (todo lo que se ha establecido científicamente para identificar una etnia completamente pura) no corresponden en un país ni siquiera en una región geográfica.

Sino que las muchas movilizaciones de personas a diferentes zonas de todo el mundo, ha propiciado una mezcla de genes con miles de nuevas y variadas características.

Los *tests* de inteligencia puestos a niños, en los que se ha tratado de comprobar la superioridad de una etnia (en caso de existir realmente) sobre otra no han funcionado porque los parámetros y condiciones a las que se exponen los que lo realizan no son compatibles. Ya sea, por ejemplo, que las comunidades en donde hay civilización están acostumbrados a realizar exámenes, tienen el sentido de urgencia, asignan valor a los colores, los objetos, los sonidos y saben tomar un lápiz y un papel; por lo que se encuentran, desde el inicio, en ventaja sobre los que no poseen esto (llámese las comunidades primitivas).

En los *tests* sin palabras no siempre el menos civilizado resulta inferior. Una antropóloga y una física, al trabajar en común hallaron que los niños "hopis" (pueblo amerindio de América del Norte) tenían coeficientes de inteligencia notablemente más altos (un coeficiente intelectivo medio superior al ciento diez) que los niños blancos. Estos niños "hopis" eran sumamente observadores, equilibrados en su enfoque mental y muy capacitados para razonamientos complejos y abstractos. [7]

Finalmente, mediante el estudio del genoma humano se ha comprobado que genéticamente un hombre rubio con ojos claros y talle alto en Europa puede ser más parecido a un hombre de talle bajo, tez obscura y ojos negros en África que su mismo primo o algún familiar cercano. [8]

Por tanto, los conocimientos extraídos del estudio del genoma humano arrojan un descubrimiento que pulveriza toda duda de que realmente Dios, de una sola sangre, hizo todo el linaje de la tierra. Por lo que todos sabemos ahora en nuestra generación que no hay ninguna diferencia en los seres humanos sino sólo la que se obtengan por medio del medio en que se desenvuelvan.

En el ambiente están incluidos la educación, el roce social, la mente de Cristo.

Una persona que está llena de la Palabra de Dios y esa Palabra brilla en él o ella porque tiene la grandeza espiritual que da el Espíritu de Cristo morando y corriendo en su interior, su reacción al miedo será siempre la correcta. Con temor sí, pero no gobernados por el espíritu del temor, el cual con la llegada de una vida consagrada en el Espíritu Santo ya ha sido sometido (Ro. 8:15). Dios ha puesto en nosotros poder para someterle, para que sirva a los propósitos para los cuales originalmente fue puesto en nuestro ser.

Detectamos por ende que los que están llenos del Espíritu de Dios poseen un pensamiento supracultural basado en las Escrituras. El resultado de este pensamiento supracultural, hablando del miedo, es temor a algunas cosas, y valentía frente a otras. ¿Cuáles son las unas? ¿Cuáles las otras? Pues bien, el cristiano lleno del Espíritu de Verdad y de la Palabra de Dios tiene claro a qué se debe de temer y a que no.

A que debemos de temer

Pues bien, está claro que todas las personas sentimos miedo porque el miedo, aunque sea un sentimiento desagradable, no deja de ser algo innato en el ser humano, un sentimiento que fue puesto por Dios para un maravilloso propósito: que nuestra alma viva eternamente con él. Tal ha sido el sentir original y perdurable de Dios. Y no sólo Dios nos anhela sino también todos nosotros, la humanidad toda (aunque algunos lo lleguen a negar) busca a Dios de alguna manera. Como ya lo dijo Agustín de Hipona:

> <<Nos hiciste Señor para ti, y está intranquilo nuestro corazón hasta que descanse en ti>>

Puesto que no podemos escapar del temor no importa tanto sentirlo o no en sí. Sino cual es el objeto temido y cuáles son nuestras acciones después de experimentar ese sentimiento.

Se cuenta de Friedrich Nietzsche, el gran filósofo alemán del siglo XIX, el mismo que escribió un libro que contiene valores anticristianos titulado: "El anticristo". Un hombre que fue valiente para ser profano, valiente para decir que el hombre debería poner turbulencia a la calma; para decir ¡vivan los bárbaros! para gritar, "¡que se adore al más fuerte!" y para oponerse con fortaleza a todos los principios bíblicos.

Era tan temperamental, que en una ocasión, al estar enseñando a algunos de sus compañeros acerca del dolor, "predicaba" la siguiente historia:

"Cuando Pornena sitió Roma, cierto joven Romano llamado Muncios Scenova fue a la batalla empuñando un largo cuchillo que se empeñó en hundir en el corazón del peor enemigo del reino. Cuando hubo descargado su furia, en medio de gran temor, volvió la cara del hombre que yacía junto a él en medio de un balde de sangre; luego, cuando hubo visto su rostro se dio cuenta que ese no era el hombre a quien debió haber matado; ¡Oh, qué mortal equivocación! Muncios Scenova había encajado su puñal hasta la empuñadura en otra persona. Cuando tuvo que dar cuentas al emperador, éste le pregunta enfáticamente: dime tú ¿Cuál es el castigo que mereces? Entonces Muncios Scenova toma una antorcha y, con gran reluctancia, la pone en contacto con su cuerpo manteniendo la llama bajo la palma de su mano, hasta quemarla.

Cuando Nietzsche cierra su gigantesca boca para esperar las reacciones de los que le escuchaban, alguien de entre ellos frenéticamente comienza a reír. Era tan desaforada y grotesca su risa, que Nietzsche le pregunta con enfado cuál era la razón de que le viera como un payaso. Pues bien, después de quedar satisfecho de reír, el amigo le contesta que no era posible que una persona pudiera hacer semejante cosa contra sí misma. Al oír esto, Nietzsche, en medio de turbación y un gran fervor enloquecido toma una tea puesta cerca del marco de la puerta para alumbrar el recinto y aguanta el calor de ella hasta la última chispa. Desde entonces tuvo una cicatriz en confianza que se le brinde en la sociedad, el ejercicio de su autoestima, el valor asignado a la superioridad intelectual etc.

Dicho lo anterior se puede fácilmente comprobar que el ser humano posee cualidades idénticas en el nacimiento que cualquiera en el mundo. Posee características universales en donde le vienen bien algunas alternativas y posee otras en que solamente una de ellas será la mejor (aunque existan varias y bien puede tomar alguna de ellas que no sea la mejor). En otras palabras, lo relativo y lo absoluto.

Ahora bien, en cuanto a las soluciones únicas éstas tienen que provenir de alguna parte. Las soluciones únicas son las más importantes, pues de las que podemos tomar cualquier alternativa, ¿para qué preocuparnos tanto en alguna solución? Pues de esas soluciones únicas nos vino a hablar Jesucristo. Cristo vino a revelar al hombre cómo se debe de pensar y como se debe de sentir. Porque Dios tiene pensamientos perfectos y sentimientos perfectos.

¿Estaba Cristo calificado para brindarnos las respuestas únicas que necesitaba el hombre? Pues, juzguemos: ¿Quién puede brindar respuestas al hombre y la mujer sino Aquel por medio del cual fueron creadas todas las cosas incluyendo al ser humano? (Col. 1:15-20). Ahora bien, ¿Quién podrá sentir y pensar bien sino aquel que tiene el Espíritu y la mente de Cristo?

"Porque ¿quien conoció la mente del Señor? ¿Quién le instruirá? Más nosotros tenemos la mente de Cristo"... y, "El que se une al Señor un Espíritu es con él"
1 Co. 2:15; 1Co 6:17

Partiendo de estas maravillosas frases de la Biblia podemos decir que una mente estereotipada por medio de ambientes diferentes, reaccionará al temor diversamente también; lo será en diferentes grados, pero a medida que su mente sea mayor o menor influenciada por el pensamiento de Dios dado en la Biblia, la persona reaccionará al miedo de una manera especial de acuerdo a la su mano.

Pero este héroe de sus propias ideas y belicoso con la pluma, en cierta ocasión quiso entrar voluntariamente al ejército, pero era tan cobarde, que al ver el primer cadáver literalmente se desvaneció, era incapaz de permanecer consciente al ver al menos una gota de sangre que emerge de un dedo pinchado por una aguja. El hombre que defendía con pasión la violencia y el culto al más fuerte languidece de terror al ver un insecto. 55 años tenía cuando fue llamando por su Creador , en Agosto de 1900. Toda una vida teniendo temor a lo equivocado.

Generalmente el comportamiento del hombre y la mujer es tan complejo que es difícil describirle en una hoja de prescripción psicológica. Sus temores son diversos y no se sabe con certeza de donde provengan. Pero algo es cierto, a algo si debemos de temer y está claro en la Biblia: A Dios mismo.

En forma general ¿Cuál es el temor más grande que pudiera haber en el hombre? Seguramente uno de los más grandes terrores del hombre es estar frente a su muerte misma; frente a su propio cadáver. Frente a frente ante un verdugo asesino ante el cual se encuentre indefenso, sin posibilidad de enfrentamiento exitoso ni escape; ante un acorralamiento tan pesado como un yunque, tan alto como un roble y tan profundo como el mar. ¿Es legítimo temer a esto? Bueno, está dentro de la normalidad, cierto. Pero, mirad lo que Jesucristo nos enseña acerca de ello.

"Más os digo, amigos míos: No temáis a los que matan el cuerpo, y después nada pueden hacer. Pero os enseñaré a quien debemos de temer: Temed a aquel que después de haber quitado la vida, tiene poder de echar en el infierno; sí os digo, a éste temed" (Lc. 12:5).

En este pasaje la palabra griega <*phobeo*> implica estar alarmado, asustado, amedrentado, también una gran reverencia. Es interesante notar que la misma palabra griega es utilizada en el versículo 31.

El pensamiento de una muerte súbita e inesperada es el aniquilamiento de la paz de muchos en el mundo. El exterminio de una vida que aún tiene "derecho" a vivir. Un sincope cardiaco, una enfermedad mortal que sin explicación se ha colado en el cuerpo; un hombre encapuchado, que sin conocerle, le confunde con uno de sus enemigos, un asaltante que con lujo de fuerza le arrebata la vida por unas cuantas monedas. La venganza; la ira exacerbada; un tumulto que le mata siendo inocente; una fiera que le encuentra en el bosque, un incendio que le consume hasta los huesos... todo esto es un temor normal para los que no han encontrado la paz de Dios por medio de Jesucristo. Un temor cuyo antídoto es otro temor: el temor al que puede echar el alma en el infierno. Ese es Dios.

Todos los sentimientos usados adecuadamente son buenos. Pero tener miedo a ofender a Dios, más. Es un miedo legítimo. Un miedo con pleno conocimiento: Saber que estamos frente a frente (y a cada instante) ante un Dios que nos observa.

La amistad con Dios, produce una hermosa combinación de confianza y miedo a la vez. Reverencia y confianza al mismo tiempo. Mayor fe, mayor esperanza, pero mayor respeto al pecado, mayor temor a ofenderle; mayor amor, mayor paciencia, pero mayor temor y temblor al escuchar Su palabra... todo porque valoramos más Su amistad, sabemos que nuestro Dios no es un juguete, es el Ser más poderoso que existe, quien tiene toda la fuerza y sabiduría para hacer polvo el universo entero en un instante. Un cristiano vigoroso se muestra muy nervioso y temeroso ante cualquier cosa que pudiere ofender a Dios y huye. Su huida es una demostración legítima de su temor a hacer cualquier cosa que contravenga los mandamientos de Dios.

El mismo Abraham, el amigo de Dios, sintió miedo en la obscuridad de la noche. Pero no a la obscuridad *por sí misma* (porque él sabía que Dios habita también en la obscuridad (Ex. 20:21) le preocupaba más bien (y esto lo infiero) la posibilidad de que las aves, en medio de esa obscuridad, fueran capaces de hacer lo que él impidió que hicieran durante el día cuando su vista le permitía espantarlas. El amigo de Dios se esforzaba por mantener su sacrificio puro y se atemorizó al encontrarse con la idea de que pudiera, en algún momento, hacerse vulnerable a la impureza y entonces su sacrificio se invalidara, y por consecuencia su pacto con Dios también.

Pero cuando este temor a ofender a Dios, aún por circunstancias fuera de su alcance (como bien dijera David, en medio de un ruego desgarrador: *" Señor líbrame de los pecados que me son ocultos"*) estaba invadiéndole, viene la voz de su Amigo omnipotente para disiparlo. El miedo de que fuera en algún momento, aún fuera de su voluntad, a ofender a su Amigo se esfuma ante la voz de Dios que comprueba su complacencia y bondad. Este mismo sentir también lo muestra Abraham cuando intercede por Sodoma y Gomorra con las frases: *"He aquí he comenzado a hablar a mi Señor, aunque soy polvo y ceniza"* (Gn. 18:27) y *"No se enoje mi Señor, si hablare..."* (Gn. 18:30). Esta relación es de confianza, sí; pero a la vez, de un profundo respeto ante el poder tremendo de Dios que hace que los montes humeen, es temor a ofenderle por cualquier causa.

La Biblia nos habla que debemos acercarnos con confianza al Señor, eso es acercarnos con fe. Sabemos que él nos oye, que escucha al corazón humilde, al que ha venido a Él a través de Jesucristo por causa de su pacto eterno con la humanidad. Asimismo nuestro acercamiento es con reverencia y respeto, estamos precisamente frente al trono sublime del Señor, el Ser más importante y sublime.

Pero hay momentos en que podemos sentir miedo a Dios directamente. En la Biblia leemos el caso de David cuando hizo un censo que demostraba su tonta arrogancia.

¡Cómo no sentiría David un intenso miedo al estar frente al ángel de Jehová cuando estaba matando a los israelitas! ¿Quién no sentiría terror al ver a un ser invencible enviado directamente del trono de Dios cuya misión era irrevocable? Vino el temor a David. Pero David sabía algo, sabía que la misericordia de Dios es más grande que los cielos. David entonces se humilla y obtiene su favor: el ángel es detenido de inmediato. Una voz de mando provino del cielo, era la orden del Señor (1Cr. 21.15). Esto nos enseña, que no sólo debemos de tener temor a ofender a Dios sino cuando sabemos que hemos pecado debemos temer a las consecuencias e inmediatamente apelar a la misericordia de nuestro bondadoso Señor.

David Brainerd en su diario describe como sintiéndose pecador temía que en cualquier momento la tierra se abriera y lo tragara vivo. Un joven con una vida tan dedicada al Señor no tendría por qué sentir eso, sin embargo, entre más es nuestra cercanía al Señor es más nuestro deseo por agradarle y más es nuestra preocupación cuando hemos hecho algo deliberadamente que sabemos es pecado. Este es un miedo legítimo. Sin embargo, este temor no es para sufrir ni para deprimirnos, es para acudir de inmediato al Señor en oración y apelar a su misericordia. El Señor no nos condena, Él nos salva, nos perdona y nos restaura.

Nadie siente temor hasta que su mente capte el peligro. Si hay alarma de peligro, hay miedo, si no hay peligro no lo hay. ¿Hay situaciones legítimamente peligrosas? Si, el infierno, ofender a nuestro Dios (el pecado), romper nuestra amistad con Dios... todo ello tiene un alto grado de peligrosidad y debe de hacer acelerar nuestro ritmo cardiaco, porque los efectos de estas cosas son terribles. Y aunque un hombre o mujer que han nacido de nuevo en Cristo no debe de temer a caer en el infierno por algún pecado que haya cometido, estoy seguro que un legítimo amigo de Dios sentirá tristeza y aún miedo a acercarse a Dios de nuevo, es un temor parecido al que sintieron Adán y Eva en el huerto. Pero el Señor es tan lleno de amor que nos busca, nos habla, nos atrae con cuerdas de amor, y luego que nos ha encontrado no resistiremos sus palabras de compasión. El vendrá a abrazarnos, Él nos tomará en sus brazos para curar nuestras heridas, y aunque también siendo sus hijos tendremos disciplina de Él, seguro es que nos tendrá misericordia. Esto es parte del proceso de restauración.

Es interesante notar que Dios (como realce a lo que he venido diciendo) ve el pecado, antes que como una ofensa contra él, un daño que el hombre se hace contra sí mismo. Dice una porción bíblica:

"Más el que peca contra mí, defrauda su alma; todos los que me aborrecen morirán" Pr. 8:36

Pero, ¿qué es lo que sucede en nuestra mente para que sea posible ese temor de Dios en nosotros?

¿Cómo surge el temor en nuestra mente?

Los últimos descubrimientos acerca de cómo funciona el cerebro nos arrojan datos muy interesantes para dar una explicación a muchas de nuestras interrogantes acerca de qué es lo que sucede antes y después de experimentar alguna emoción. El temor, es precisamente una de esas expresiones emocionales del hombre y la mujer que surgen como resultado de diversos análisis mentales.

Todo inicia con palabras, objetos, sonidos, olores, sabores e imágenes que se encuentran dentro del campo de nuestra percepción sensorial. Es posible que esto sea notado por nuestros ojos, nuestras manos, nuestros oídos, nuestro olfato o nuestro gusto o simplemente no lo sea, pero una vez que el acontecer exterior ha sido captado por nuestros sentidos es pasado por una especie de filtro de cualificación emocional.

Este filtro de cualificación emocional es utilizado para determinar si el acontecimiento es emotivo o no de acuerdo a lo que se encuentra depositado en nuestra memoria (nuestro conocimiento). Hay dos tipos de conocimiento: el conocimiento innato (regulaciones biológicas básicas, pulsaciones e instintos) y conocimiento adquirido por la experiencia.

Después de que la información del exterior es analizada por el filtro de cualificación emocional hay dos alternativas. Se puede determinar que la información no es emotiva (dado este caso el acontecimiento pasará desapercibido) o bien que es realmente emotiva. Si es determinado por nuestra mente que la información o hecho es emotivo suceden dos cosas. El cerebro manda que se almacene la información que resultó emotiva en nuestra memoria a largo plazo y da órdenes a la periferia (se produce una alteración física).

Una de las partes más importantes en nuestro cerebro para el manejo de los sentimientos es una sección cerebral a la que se ha llamado amígdala. La amígdala recibe información procedente de las áreas visuales, auditivas, somáticas, gustativas y olfativas e información del propio cuerpo y la califica emocionalmente.[9]

En palabras del Doctor Antonio Fernández:

> "Cuando suena la alarma del miedo la amígdala envía señales a todas las partes involucradas, v.g. para activar la secreción de hormonas de la huida o lucha, estimular centros del movimiento, activar el sistema cardiovascular e inhibir el sistema digestivo con simultánea activación muscular, etc."[10]

Es interesante también mencionar que las imágenes que se generan para producir el miedo no son las imágenes guardadas en nuestra mente, como se podría pensar, sino que se guardan los medios para reconstruir el evento o situación que produjo esa emoción. Los científicos han denominado a estas zonas donde se guardan estas representaciones "disponibles" o zonas de convergencia.[11]

La velocidad de reproducción de eventos o situaciones que nos ayudan a emitir un juicio con respecto a la información nueva, varía en cada persona. Por lo que la intensidad y velocidad en que sentimos el miedo varía para cada cual de acuerdo a sus propias experiencias y conocimiento. De esta manera se puede afirmar que nadie siente miedo en el mismo tiempo y en la misma intensidad que otro bajo un estímulo idéntico. Lo que para uno podría significar hasta una fobia (una anormalidad que no debería de existir en los seres humanos) para otro puede ser hasta dulce y placentero.

Si nuestra mente es la mente de Cristo y amamos su amistad siempre rechazaremos todo aquello que pudiere deteriorarla por alguna causa. Tendremos temor a ofenderle aún en las cosas que están fuera de nuestro alcance controlar al punto de ir de inmediato a pedirle perdón e implorar su misericordia para que, como en el caso de David, no seamos consumidos por las consecuencias de nuestros errores. Dios es un Dios de misericordia pero ofenderle deliberadamente es ponernos por nuestro propio pié en una zona de gran peligro.

Quiera Dios que busquemos su amistad porque con ella él será poderoso para guardarnos sin caída (Judas 24) y para librarnos de todo quebranto de su comunión.

Conclusiones:

1.- Los seres humanos nacemos con un paquete estándar de sentimientos en donde junto con el amor y la ira, el temor es una de las emociones primarias.

2.- Debido a que Dios tiene pensamientos y sentimientos perfectos, a medida que nuestros sentimientos y pensamientos se adecuen o parezcan a los de Dios, éstos serán más perfeccionados trascendiendo a todas las culturas de la tierra.

3.- A medida que el hijo o hija de Dios conforme su mente a la mente de Cristo, sus decisiones en cuanto a lo que merece que se le tema variarán de acuerdo al propósito de Dios.

4.- Aunque se puede decir que en forma estricta el hombre y mujer de Dios no están exentos del temor, ese sentimiento, que no se puede eliminar de nosotros porque es inherente a nuestra propia humanidad, debe ser dirigido a lo correcto y bajo el propósito por el cual Dios le mantiene en el hombre. Se trata de que los temores (por decirlo así) del hijo o hija de Dios verdaderos son muy diferentes a los de uno que aún no ha abrazado el amor de Dios.

5.- El temor más grande en un hijo o hija de Dios es perder o deteriorar su amistad con Él. Esto nace de una comunión perfecta con el Espíritu Santo. La Biblia nos enseña que los hombres y mujeres más santos lo experimentaron, no porque desconfiaran del amor del Señor, sino por la fuerza de la naturaleza humana. Pero este temor es legítimo, es temor al pecado. Es temor a desagradarle. La huida del pecado de los siervos de Dios es producida por este buen temor que agrada a Dios. Se puede decir que es una especie de temor saludable.

6.- Hay también un temor en los hijos de Dios que viene como consecuencia del pecado que ya ha sido perpetuado. El temor al juicio de Dios es el mismo que experimenta David en la era de Arauna Jebuseo al ver el ángel de Dios con la espada desenvainada. Ese temor también agrada a Dios y provoca misericordia para el pecador. En el Nuevo Testamento también se nos advierte de esa parte del carácter de Dios al decirnos el apóstol: *"horrenda cosa es caer en manos de un Dios vivo"*. El juicio y la disciplina del Todopoderoso es tan parte de él como lo es la misericordia y el amor. Cuando se teme a Dios viene la humillación y la tristeza por haberle ofendido y esos sentimientos provocan en Dios su misericordia. Para quien no teme a la ira de Dios, Él puede descargar el filo de su espada.

7.- Los últimos descubrimientos arrojan que el temor es causado a raíz del dictamen de la amígala, mediante el cotejo de lo que está registrado en nuestra memoria. La rapidez de la reacción (si es que esta existiere) dependerá de este conocimiento y de la rapidez de la captación y procesamiento efectuados por los miembros sensoriales y cerebrales involucrados. De esto que quien tiene una mente como la de Cristo reaccionará y temerá como Dios quiere que temamos: Al pecado y a Él mismo.

Oración:

Señor me acerco a ti con reverencia y confianza a la vez, perfectamente consciente de tu enorme poder y de tu santidad. Tan sólo tu eres santo y no es por mi santidad o perfección que me acerco a ti, sino todo lo contrario, porque soy pecador y te necesito es que vengo a hablar contigo. Deseo que el temor que tú has puesto en mi ser como una medida para mi propia protección funcione de la manera en que tú lo diseñaste. Quiero tener sentimientos como los tuyos, mi Señor Jesús; deseo que tú cambies los patrones de mi mente y las escenas reproducidas en ella como causantes de temor, porque esto no viene de ti. En el nombre de Jesús oro.
Amén.

CAPÍTULO 3

Temores en la personalidad

El temor a ser descubierto

"La Dama del Lago" *(Lady in the lake, 1947)* de Robert Montgomery, es un filme extraño. No es el común en donde el espectador se sienta en un cómodo sillón a observar lo que sucedió en la vida de otros (ya sea si estos son o no reales), sino que en el caso de "La Dama del Lago" el personaje principal nunca aparece en pantalla sino que las escenas que se muestran son las que el personaje de la historia mismo está viendo. Cómo si cada uno, de entre los del público, estuviese dentro del protagonista.

El resultado de esto en la gente es una sensación peculiar: Siente como que los personajes están husmeándole. Y sentir que alguien les ve les incomoda; es un sentimiento irrestricto de invulnerabilidad. Es una irrupción frontal de su propia naturaleza.

El fenómeno resulta en gran medida molesto porque se contrapone a lo que el hombre, por su condición de pecador, siempre ha querido ser: un fisgón; se contrapone a lo que el hombre en su mayoría quiere realmente hacer: sólo mirar. El hombre o mujer común tiene miedo a ser protagonista de sucesos vergonzosos, le gusta esconderse. El refugio más común del hombre y la mujer es la multitud, las masas, el anonimato, le importuna sentirse protagonista de su pecado y más aún, que los demás se enteren de lo que realmente es. Se siente reacio a la confesión. Tratará de mostrarse siempre como un benefactor de la humanidad cuando en realidad puede estar siendo un sociópata, un enemigo social, a la vez que la misma sociedad le cobija en su conjunto (sin saber el mal que le causa). ¿Porque siente esto? El hombre en forma natural no quiere confesar. Cuando le hablan de pecado, busca una justificación con el fin de no sentirse descubierto, de no sentirse en la necesidad de confesar. El camino más sencillo de justificación es precisamente una masa de gente. Una multitud de personas que están en la misma condición de él y bajo la cual puede proteger su verdadera identidad: un lugar donde se siente momentáneamente seguro. ¡Esta es "la logia de los pecadores"!

El hombre no quiere ser descubierto porque si lo es pierde su estado ficticio en el que se encuentra y se enfrenta (en la forma más explícita de la palabra) a su propia realidad. A la realidad que le hace ver su Creador a través de su Palabra, a través de la Palabra de Dios, la Biblia. Tiene miedo a sentir miedo en el momento de ser descubierto y por ello cubre su desnudez con hojas de higuera y no quiere hablar con Dios. El hombre ha pecado y lo sabe. Sin embargo su mente hace todo lo posible por encontrar alguna justificación a su conducta. El mismo satanás le proporciona los argumentos, pero a medida que el hombre se ve acorralado por cada frase de la Biblia no le queda más remedio que confesar. Y Dios le hace confesar.

El pasaje de Génesis nunca dejará de ser interesante porque nos muestra la crudeza del comportamiento humano. El hombre no sólo está desnudo físicamente sino lo está también su naturaleza interior. Cuando Dios le habla, éste no quiere salir de su escondite, pero la Palabra es tan fuerte que no le queda más remedio que salir. No quería ser descubierto, tenía temor al recordar las palabras del mandato de Dios, pero finalmente, tiene que ceder ante la autoridad del mismo Dios Todopoderoso. Aunque Dios sabía exactamente la situación; aún y cuando Él sabía los porqués de todo, esperó a que el hombre confesara para que pudiera ser perdonado. Adán y Eva buscaron sin éxito un justificante para su conducta, buscaban esconderse en los demás, pero eso no les fue válido. No hubo más remedio que confesar. Sin confesión no hay perdón de pecados. Sin confesión el hombre tiene que cargar el peso del castigo que dicta la constitución del universo establecida por su Creador: El infierno.

Más el hombre se empecina a tratar de cubrir su propia desnudez, habla para auto-justificarse, pero cuando se trata de detractar sus propias faltas tiene miedo, tiene miedo a fallar, tiene miedo a ser descubierto, a ser ridiculizado.

El miedo a la desnudez.

Una de las razones de que mostrar su desnudez sea tan desagradable para el ser humano obedece a que éste tiene miedo a ser visto como un objeto. Que no se le tome en cuenta como un ser pensante. Como una persona racional. Siente que se le manipulará.

Por causa del egoísmo (y la satisfacción de sus deseos pecaminosos animales) el hombre y la mujer desean ver la desnudez de otros para que otro sea el que aparezca como un objeto del cual pueden disponer, pero la mayoría de las veces los que les gusta fisgonear no están de acuerdo en que ellos mismos sean los que se presenten como objetos.

Y no sólo desean ver sino tocar. Ver es para todo el mundo, tocar es para pocos. Por ello el deseo persiste. Imaginan tocar al ver. La imaginación se vuelve en una máquina de destrucción y de maldad espantosa. El apóstol Pablo describe que llega un momento en que ese deseo pecaminoso y egoísta se muda a otro de singular repulsión: el hombre y la mujer entonces no solo están dispuestos a ser mirados desnudos sino que participan en actos en gran manera vergonzosos que aún van más allá de la naturaleza humana. (Ro. 1:26).

El hombre y la mujer fueron creados por Dios para que gobernaran con sabiduría y justicia todo lo que Dios había creado y esto incluye sus propios cuerpos. Por ello el apóstol Pablo nos dice que quien se une a una prostituta (o) contra su propio cuerpo peca. Porque el cuerpo nuestro ahora no sólo es parte de nuestra administración discreta y racional conforme a la ley de Dios sino que en Cristo... ¡se convierte en el templo del Espíritu Santo! Esto es sumamente delicado.

Ahora bien. Hay un temor innato a quebrantar la ley de Dios. La conciencia nos habla aún sin conocer los principios de la Escritura. Como ya hemos comentado, el hombre y la mujer por naturaleza (y esto bajo la cobertura de lo ya comprobado científicamente) posee un "software incluido"; en otras palabras una serie de conocimientos innatos entre los que se encuentran los principios fundamentales para agradar a Dios. Pero una vez que el hombre quebranta la ley de Dios contenida en su propia conciencia, una y otra vez, la ley misma le juzga y al negar la ley se retracta también de sus beneficios y entonces ocurre que Dios les entrega a una "mente reprobada" (Ro. 1:28).

El miedo a la desnudez pudiere no sólo ser corporal sino también del corazón. De mostrar a los demás los verdaderos sentimientos. Exhibir transparentemente las sinceras ambiciones perseguidas, un carácter verdadero, mostrar los rasgos de una personalidad perdida entre el matiz de bronce falso de otra. Y no mostrar lo que hay dentro de nosotros puede obedecer a diferentes razones. Pero una de las más importantes es la timidez, eso a lo que yo le llamaría: miedo a la desnudez del alma.

De la timidez, siendo una especie de miedo interno, todos en algún momento de nuestra vida podríamos mostrar un poquito. Así como el temor en ciertas circunstancias se pudiere apoderar de nosotros, también pudiere ser normal (dentro de la conducta humana típica, lo cual no es precisamente correcto) todos manifestamos algo de timidez. Sin embargo cuando ésta es recurrente y sistemática, nos enfrentamos a una anormalidad que deberíamos evitar.

La timidez no es de Dios ni es parte del carácter del hombre y la mujer de Dios. En ocasiones suele confundirse con la piedad y la humildad pero estamos ante cosas completamente distintas. La timidez, es por tanto parte de la secuela de males que acusa el espíritu demoníaco que produce miedo. La timidez no es otra cosa que una más dentro de las fobias (que enlistaremos más adelante), una especie de androfobia (miedo a la gente).

La Biblia nos dice:

"Porque no nos ha dado Dios espíritu de cobardía, sino de poder, de amor y de dominio propio"

2 Ti. 1:7

En este pasaje la palabra griega que la Reina Valera versión 1960 traduce como "cobardía" es *deilia,* la cual significa literalmente timidez.

¿Cómo sabemos si somos o estamos en presencia de un tímido? Tratar con uno de ellos es como seguirle la pista a una ardilla con delirio de persecución; un sujeto que se muestra renuente al contacto personal y que bebe recurrentemente de la copa de la xenofobia (miedo a los extraños). Su conducta es cortante, reservada y hermética haciendo lo posible por deslindarse de toda observación sobre ellos (Observación física y observación interior). Tienden a bajar la mirada no por humildad sino porque al no mirar piensan no ser vistos y que su hermetismo prevalece. Su miedo no nace de los demás sino del interior de su personalidad enfermiza que será sanada por el Señor Jesús en el momento que ellos lo decidan.

Encuentro la cita de Joâo de Sousa que describe a este tipo de personas de la siguiente manera:

"Los tímidos son hipersensibles. Se emocionan con facilidad, pero reprimen los impulsos afectivos y disfrazan su estado emocional simulando humildad y modestia... Andando por la calle fingen no ver a los conocidos para no tener que saludarlos".[12]

El tímido suele ser una persona callada e introvertida. Respecto de este tema pudiera haber alguna confusión con el pasaje de Santiago que nos dice que el hombre sea tardo para hablar y tardo para airarse (Stg. 1:19). Esto habla del raciocinio y prudencia con que se deben hilvanar las ideas.

Algunas personas suelen aceptar ideas y callar, no porque estén de acuerdo con éstas sino porque no quieren salir del estado de seguridad en que se encuentran (este estado por cierto, pudiere ser aparente).

Es cierto que la humildad consiste en no hacer uso de nuestros propios derechos. Este es el sentimiento expresado por el apóstol Pablo cuando habla de Cristo en Filipenses 2 –ciertamente un asunto de actitud del corazón—sin embargo, no debe existir en nosotros timidez para hablar porque esto está en contra del Espíritu de Dios.

La timidez es en muchas ocasiones un temor al fracaso en la comunicación, a que nuestras ideas no sean lo suficientemente buenas o a quedar en ridículo ante los demás; pudiere ser que el motivo del silencio es porque simplemente no tenemos ideas o argumentos. Ninguna de estas cosas viene de Dios.

Por otro lado expresar nuestras ideas siempre ha sido muy valioso para Dios. Tan valioso que desde el principio, en Génesis, en el principio de la humanidad, Dios se ha interesado por escucharlas. Ahí Dios pregunta: ¿Dónde estás tú? ¿Has comido del árbol que yo te mandé que no comieses? (Gn. 3:9, 11). Muchas más pruebas existen que a Dios le interesa que el hombre se exprese, que hable. Dios quiere que le hablemos a él y expresemos nuestras ideas con mansedumbre y cordura ante los demás. Permanecer callados porque no generamos ideas no es de los hijos de Dios, ¡los hijos de Dios son los hombres y mujeres más sabios sobre la tierra! (Lc. 10:21, Mt. 11: 25, 1 Co. 1:25. Sal. 19:7. Sal. 107:43). Mucho menos podemos permanecer callados ante la injusticia ni ante la maldad esto es ser cómplices de ella (Ez. 33:7,8).

Nadie debe de dejar de expresar sus ideas. En la vida cristiana no existe un consejo de hombres en la cúspide de la sabiduría que toman todas las decisiones. Sino que toda aquella persona que conoce las Escrituras puede expresarse libremente y sus argumentos serán tan fuertes como lo sea su propio conocimiento y entendimiento Escritural. La Biblia es la máxima autoridad. Nadie puede ser tan sabio que llegue aún a las faldas del pensamiento de Dios expresado en el Libro Sagrado. El ser humano, por tanto no debe, por ningún motivo dejar de expresar sus ideas si éstas están pasadas por el tamiz de una meditación previa basada en la Escritura. Si éste o ésta se convierte en un hombre o mujer poderoso (a) en la Palabra, sus argumentos se tornan fuertes como el acero, fuertes como el diamante. Su palabra débil y flácida se torna en una tempestad que arranca de raíz todos los demás argumentos y los quema en el fuego. Ningún argumento contrario puede permanecer ante la sabiduría de la Biblia y nadie puede resistir la palabra de Dios ni permanecer indiferente. Por ello lapidaron al justo Esteban (Hch. 7:54-60). Y le mataron porque no quedaba más remedio que matar a alguien cuyos argumentos Escriturales eran tan contundentes y poderosos que los demás argumentos se veían como hormiguitas sin aguijón.

Podemos pensar en Jeremías. Siendo tan sólo un niño fue llamado por Dios para ser un profeta. Como profeta tenía que hablar ante reyes, ante sacerdotes, ante los hombres más poderosos de su pueblo. Era natural que se sintiera temeroso al principio, al pensar en semejante reto. Sin embargo, el Señor le dijo: *"No digas: Soy un niño; porque a todo lo que te envíe irás tú, y dirás todo lo que te mande..." El Señor respaldó a Jeremías con su Espíritu y le dijo: "yo estoy contigo para librarte". Jeremías tenía que hablar y cuando lo hizo Dios cumplió su palabra de protección y respaldo.*

Es falso que alguien que no "sabe hablar" deba quedarse así toda su vida. Existe una parte en el cerebro que se encarga de manipular los elementos físicos que intervienen en la comunicación (el área de Broca). La información fluye a diversas partes del cerebro y pronto se encontrará manipulada por el quehacer de una parte cerebral llamada amígdala (órgano gestor y de juicio de nuestros sentimientos, como ya hemos comentado brevemente). De lo anterior podemos extractar que lo que se necesita para tener mayor fluidez en el habla es el ejercicio de esos "músculos cerebrales". Cuando estos "músculos cerebrales" están ejercitados lo único que cuenta ahora es la calidad de la información. La calidad de la información es la que va a darnos credibilidad y tino.

Por tanto la conclusión de lo anterior es que en la *mayoría* de los casos quien no habla es porque en primer lugar se podrían encontrar engañado por un espíritu malo del que se puede librar en el nombre de Jesús. En segundo lugar le falta ejercitar las partes del cerebro que intervienen en la comunicación (mucho de este ejercicio tiene que ver con el roce social) y finalmente, en tercer lugar, debe llenar su mente de conocimiento para que la información que fluya en el mecanismo cerebral de salida (las palabras) sea de la calidad suficiente para ser aceptada por los que nos escuchan.

Detrás de todo esto está el anhelo de satanás porque el hombre esté reprimido, aplastado por argumentos falsos que se fijan en su mente como fortalezas de cimientos muy profundos. El hombre por tanto se refugia en estas fortalezas creyendo que está seguro sin darse cuenta que su destrucción vendrá y no tardará. Estas fortalezas son como máscaras en que han sido confeccionadas, labradas, talladas y esculpidas por satanás mismo. Máscaras en que se esconden hombres y mujeres de rostros hermosos. Hombres y mujeres creados perfectos por Dios, pero deformados por el pecado. Máscaras que parecen ser parte de ellos pero en origen no lo son. Máscaras que imitan a ese ser patético que fue el creador de ellas. Satanás es el primer enmascarado y falso. Por ello el Señor Jesús lo llama: " *El Padre de toda mentira*" (Jn. 8:44).

Las máscaras

El diablo es mentiroso y engañador desde el principio. Él ha estado siempre sumamente interesado en atemorizar al ser humano, a la creación perfecta de Dios. ¿Por qué? Porque satanás odia al hombre por ser lo más parecido que hay a Dios en la tierra (ahora, lo más parecido a Dios de entre los seres humanos son los llamados por Él mismo: "hijos de Dios") por ello su propósito ha sido sembrar temor en ellos, sabe que cuando la gente está gobernada por el espíritu de temor (2 Ti. 1:7) puede hacer cualquier cosa.

Cuando la gente siente temor puede pagar lo que sea por lo que cree será su salvación. Pero, ¿cuándo satanás podrá dar salvación a alguien? ¡La salvación pertenece a nuestro Dios, al que está sentado en el trono y al Cordero, aleluya! (Jon. 2:9; Ap. 7:10).

Pero si satanás enseñó al hombre a enmascarase siendo él el primero en hacerlo ¿cuál es su propósito?

Bien, Dios dice que se le debe temer a Él antes que a cualquier otro, esto es tan cierto que se menciona decenas de veces en la Escritura, ahora, ¿satanás estará interesado en imitarle? ¡Sí! Satanás es un incansable ladrón de la gloria de Dios (la cual deseó desde el principio).

Cuando Jesús fue tentado por satanás en Lc 4 podemos ver claramente este anherlo profundo en el corazón de la serpiente antigua. Dt. 6:13 ordena temer a Dios y Jesús le recuerda al diablo que él también es una criatura. En otras palabras le dice: "necio, teme a Dios". Temerle es adorarle también.

Para lograr su objetivo, satanás ha sido sucio utilizando una máscara a fin de cubrir su verdadera identidad y con ello engañar a quien se ha propuesto.

La pérdida de identidad es terrorífica. Es terrorífico estar luchando con un ser que no existe, que es como un ser ficticio que no tiene nombre, ni rostro real (esto se puede aplicar a las bacterias que causan enfermedades mortales y que ahora son uno de los grandes terrores de la humanidad al pensar en la posibilidad de que éstas sean usadas como arma de guerra).

Las máscaras han sido una fórmula utilizada por el diablo desde los mismos inicios de la humanidad. Las máscaras son el instrumento favorito del diablo tanto que es válido mencionar que a lo largo de la historia éstas han sido sinónimo de ritos, de misterio, de destrucción y de terror.

Los antropólogos han identificado las máscaras en las civilizaciones con asociaciones secretas que ejercían dominio en la sociedad. En muchas ocasiones estas asociaciones eran formadas por jóvenes que utilizaban "el secreto" como su arma principal para lograr fines maléficos que incluían asesinatos, orgías y ritos misteriosos. Los iniciados llevaban máscaras y objetos en sus manos que servían para espantar a mujeres y no iniciados en aras de sentir la sensación de control.[13]

En los tiempos modernos es quizá la asociación de "encapuchados" llamada <<Ku-Klux-klan>> la más famosa mundialmente. De hecho son dos y no una las asociaciones que se han hecho llamar de esa manera. Asociaciones distintas pero formadas por hombres blancos y jóvenes; distintos pero ataviados con largas togas blancas y máscaras; distintos partidos pero con fines idénticos: sembrar terror entre los seres humanos que portaran el único pecado de ser de etnia de color. El primer <<Ku-Klux-klan>> fue constituido en 1865 y tuvo su mayor actividad en el período de 1871 a 1876. Los grados con que se describían eran para amedrentar. Había un *"Grand Wizard"* (el gran mago) que tenía autoridad sobre el sur. Para cada estado era designado un *"Grand Dragón"* (el gran dragón); Un *"Grand Giant"* (el gran gigante) para cada condado. Para varios países era un "Grand Titan" (Gran titán).

El segundo <<Ku-Klux-klan>> fue formado por William Joseph Simmons en 1915, un hombre que predicada una filosofía diabólica que incluía el carácter de superioridad sobre los católicos, los judíos y los negros.[13]

Los miembros de esta organización terrorífica se escondían bajo el efecto misterioso de una capucha o máscara a manera del mismo satanás. Hay vínculos marcados con todo esto: mentira, el carácter de oculto y secreto, el ritualismo, egoísmo, exclusivismo y temor. Todo esto predicado como valores pervertidos por el mismo diablo. La Biblia dice que satanás se presenta como ángel de luz. Nunca se presenta tal como es –un ser repugnante y horripilante– sino se presenta con un disfraz... se presenta como ángel de luz cuando su ser está envuelto y embebido en las tinieblas, el antítesis de Dios mismo: Dios es luz.

El uso de máscaras es algo repugnante para Dios. Esto es sinónimo de temor, ya sea si éstas se usan para atemorizar a otros o bien como reacción del mismo miedo. La mezcla, la impureza, da pié al temor y la desconfianza. Por ello ser cristiano es ser una sola pieza, sin mezclas ni dobleces, tan limpio y tan puro como el más esmerilado de los diamantes. Ningún vínculo tiene la luz con las tinieblas, ninguna máscara debe empañar ningún aspecto de nuestra personalidad; ninguna máscara debe de esconder nada de lo que realmente somos, esto sería utilizar los mismos métodos del diablo para fines que contradicen los propósitos maravillosos de Dios sobre nuestra propia vida. Esto siembra terror en nosotros mismos y hace estremecer nuestro corazón; mueve nuestro ser como una hoja seca en otoño tormentoso. La falta de integridad produce miedo.

Uno de los pasos más importantes para vencer el temor es la confesión, es quitar de enfrente de nuestro rostro la capucha que nos intranquiliza y mostrar, como una tienda de abarrotes, nuestro interior. Confesar es liberarnos del temor, es exhibir nuestra propia naturaleza y mostrarnos indefensos ante Dios. Es apelar a su misericordia; es dirigir correctamente nuestro temor hacia Aquel que es tardo para la ira y grande en misericordia. ¡Oh pecador si realmente tuvieras el valor para quitar tus máscaras ante el trono de la gracia de Cristo, esta valentía te libraría de las garras del miedo para siempre!

Todo esto nos habla de dos personalidades, una la que realmente el hombre y la mujer quieren ser pero por causa de las ataduras del diablo y del poco conocimiento se ven forzados a no ser y la que son debido a lo mismo. Una que se muestra a los demás (la de la capucha, la de la máscara) y la que está detrás de la máscara. No quiere decir que detrás de la máscara está lo que realmente son. Si no más bien está un deseo interior (el que Dios ha depositado en nosotros desde que nos creó) por ser como Él. Pero es demasiado el peso que les asedia. Es demasiada la carga que tienen encima que les obliga a ser como su padre el diablo (Jn. 8:44). No queda entonces otra escapatoria sino hasta que venga la luz del evangelio. Hasta que el Espíritu Santo alumbre su entendimiento. Es entonces cuando ocurre un cambio de corazón extraordinario y ese anhelo se hace una realidad. Esto tiene relación con un concepto freudiano que explico a continuación.

El Temor en el yo y súper-yo

Un concepto nuevo para la psicología (hace ya tiempo) lo inventó Freud, el concepto del súper-yo.

"El súper-yo es el ideal del yo, es decir, aquello que el yo se ve obligado a ser a causa de las presiones familiares y sociales, y como tal queda enfrentándolo a ello, que intenta arrastrar al yo hacia el placer incontrolado y el cumplimiento de todos los anhelos inconscientes".[14]

Estamos ante dos sujetos en uno: el que se muestra como enmascarado ante los demás debido a lo que ellos mismos le obligan a ser. Y lo que añora en su corazón. Lo que realmente quisieran ser.

Bajo una máscara se esconde el rostro verdadero de la persona pero en este caso bajo la máscara no se esconde el verdadero yo, sino que está lo que el sujeto quisiera ser.

Un hombre sin Cristo vive alejado de los ideales de Dios, sus deseos no corresponden en nada a los de Dios, más bien sus ideales y metas están conformadas a los deseos mundanos esparcidos por el reino de las tinieblas. Sin embargo, dentro de su ser hay una parte que aún clama por ser liberada, es su espíritu, que aunque sin Cristo está muerto (por ello necesita nacer de nuevo, Juan 3), y da grandes voces para pedir ayuda. Es la semejanza de Dios la que llora y gime, la que desea la liberación del espíritu del temor y desea férreamente el señorío de Cristo. Un ser humano que teme a lo equivocado, y temer a lo equivocado produce destrucción y muerte. Tener a lo correcto trae seguridad, paz, perdón y fortaleza.

El súper-yo es por tanto lo que el hombre y la mujer se ven obligados a ser, aun y cuando en su interior, en lo profundo de su ser se encuentra un anhelo vehemente por tener un encuentro con Jesucristo.

Esto fue lo que impulsó a Nicodemo a acercarse a Jesús de Nazaret, aún y cuando su comportamiento era como le exigía su entorno (el súper-yo), en su espíritu nacía y crecía un fuego —que el Espíritu Santo avivaba— para conversar con el maestro de Galilea: era el deseo del yo dentro de su ser. El deseo de la liberación de su alma de las garras de satanás, del mundo, de los deseos carnales, de pensamientos impuros que la religión nunca pudo erradicar de su vida. Vino al Señor de noche, no quería tener problemas con su sociedad, temía a lo que no debía temer. Sin embargo esa conversación que tuvo con Cristo cambió para siempre su vida.

Los que están atados al espíritu del temor lo saben, su conciencia (que es la Palabra de Dios escrita en sus corazones) les dice que realmente existe una solución, que hay un Dios, el cual con todo y sus esfuerzos no pueden encontrar; un Dios que puede librarles de esa vida vacía y sin sentido en que se encuentran inmersos y no pueden salir.

Un encuentro personal con Jesucristo es por tanto un encuentro fundente del yo con el súper-yo, es la verdadera satisfacción de lo que el hombre y la mujer siempre han querido ser. ¡Por ello —cuando el encuentro— el gozo que se experimenta es enorme! El encuentro con Jesucristo es el amalgamamiento del yo con el súper-yo porque quien ahora ha sido sumergido en la sangre de Cristo no le importa agradar al mundo, ¡no le interesa agradar a la gente! En primer lugar le interesa agradar a quien le ha librado de la cárcel del espíritu del temor (aunque sabemos que quien agrada a Dios ama a todos los que le rodean por el mismo amor que de Dios recibe).

Cuando somos libres del espíritu de temor no hay razón para volver a sujetarnos a él porque tenemos todas las armas para vencerle constantemente y mantenerle lejos de nosotros. Dios nos ha dado un espíritu de poder (la fuerza que viene del Espíritu Santo) para vencer al mundo y todos los ataques del diablo. Tenemos amor (el que recibimos del Padre todos los días para esparcirlo a otros) y tenemos el dominio propio para dominar la carne y llevar nuestros pensamientos a la obediencia a Cristo. En el momento en que el poder de Dios (la constante llenura del Espíritu Santo, en la oración), el ejercicio del amor (que es la parte práctica de las Escrituras) y el dominio propio (que viene de la victoria en una lucha constante contra nuestros propios deseos pecaminosos, los que sabemos podemos vencer mediante la llenura de nuestra mente del pensamiento de Cristo expresado en la Biblia), en el momento en que todo esto deje de renovarse diariamente en nosotros el espíritu de temor está al asecho para volver a hacer presa de nosotros. Entonces viene de nuevo para engañarnos, para que temamos a lo que no vale la pena temer. Esto es una clara señal de que nuestra fe está menguando y que debemos ir al Señor para ser renovados por Él. ¿Dejaremos prevalecer al espíritu del temor? El espíritu de temor no es otra cosa que un espíritu engañador que nos hace temer a las cosas de este mundo, cosas que perecen, que pasan; y nos hace quitar la vista de lo que permanece para siempre.

Conclusiones:

1.- Al hablar del temor en el corazón humano nos referimos también a un sentimiento que puede estar gobernado por satanás. Cuando esto sucede, un emisario del diablo, "el espíritu de temor" se apodera de nuestro corazón para traernos sufrimiento. El espíritu de temor es un emisario de satanás que se dirige a nuestra vida, y siendo especialista en sentimientos humanos, se aprovecha de todo cuanto puede para hacer que estemos temerosos a lo que no debemos de estar. Sabemos que los que no conocen a Dios están bajo el maligno, en otras palabras a disposición de la voluntad de satanás. Pero refiriéndonos a cristianos, el espíritu de temor acecha esperando que el cristiano se debilite en la Palabra, el conocimiento de él en oración y en el ejercicio de una vida fructífera en su presencia para engañarle con mentiras, que una vez creídas en el corazón, darán como resultado un temor dañino y pernicioso.

2.- La timidez es una especie de desnudez del alma de la cual todos en determinadas circunstancias tenemos, sin embargo afirmo que Dios no nos ha dado un espíritu de timidez. La timidez es un temor que dificulta las relaciones sociales y no proviene de Dios sino del enemigo. La timidez es una anormalidad de la personalidad que es causada por diferentes circunstancias, sin embargo, el reino demoníaco tiene a menudo mucha inferencia. En realidad no hay absolutamente ninguna razón para que exista timidez en el cristiano. Tampoco es aceptable que un hijo o hija de Dios deje de expresar sus ideas, tenemos la inteligencia y sabiduría de Dios a nuestro alcance para que nuestros juicios sean coherentes y atinados.

3.- El cristiano evidentemente debe ser un hombre o mujer tan transparente como el oxígeno. Las máscaras son tipo de satanás. Esa palabra debe estar excluida de todo nuestro comportamiento y en cualquier momento podemos presentarnos ante el escrutinio de todos. Somos cartas abiertas leídas de todo el mundo, esa es la verdadera diferencia entre el verdadero cristiano y quien no lo es. El impío por otro lado, tiene que mostrar algo que realmente no es y tiene realmente las dos personalidades de las que habla Freud; más quien ha resucitado con Cristo mediante el bautismo del Espíritu Santo (1 Co. 12:13) —nuestra conversión al Señor— muestra una personalidad integrada y única, maravillosamente fusionada por el Espíritu de Dios que ha venido a ser lo que realmente nuestro espíritu dentro de nuestro ser clamaba que fuéremos: Hijos de Dios. ¡Aleluya!

Oración

Señor, tú sabes bien que he temido a lo que no debo temer y he escondido muchas cosas ante la gente porque no quiero ser descubierto, que no se den cuenta de mi verdadera condición. Sé que lo sabes porque tú sabes absolutamente todo de mí. Te pido que me perdones, que me ayudes a ser una persona íntegra en todo sentido. Que mi vida sea tan cristalina como el agua de un manantial. Y cuando tenga errores, la gente que me conoce pueda entender que no soy perfecto, que estoy en el proceso de ser excelente, pero que siempre seré sincero y hablaré con la verdad. Jamás se aproveche de mí satanás para utilizar el temor que tú pusiste en mi corazón (para mi bien) para dañarme; quiero también echar fuera de mi toda timidez en el nombre de Cristo Jesús, lo hago ahora.
Amén.

CAPÍTULO 4

El placer enfermizo del temor

El temor en el ser humano se presenta condicionado a situaciones que mezclan lo ordinario de la vida con lo desconocido. Es así, por ejemplo, en la novela de Mary Wollstonecraft Shelley, *Frankestein, or The Modern Prometheus* (1818), *[Frankenstein o el Moderno Prometeo]* el monstruo creado por el científico Frankenstein se muestra con un hacha psicológica para romper las fibras que resguardan los sentimientos de terror en los seres humanos.

Esto sucedió hace ya muchas décadas y era la fórmula perfecta cuyos ingredientes de sobrenaturalidad, asombro y contrariedad a principios religiosos —todo en cohabitación en el mundo ordinario— dieron el carácter de siniestro. Fue llevada al cine por primera vez en 1910 por *Edison Manufacturing Company* con un éxito sobresaliente. Y en el filme, el espectador de la historia sentía curiosidad sobre lo desconocido. Después se envuelve en la trama y los candados que resguardan cómodamente la tranquilidad y desasosiego en su corazón empiezan a romperse. La ignición provocada por cada frase o escena llevan a que los guardias que custodian el temor encerrado en el calabozo de lo ordinario y cotidiano huyan: el ser humano se ve ahora atraído por el placer de ver algo que está fuera de lo que ha visto todos los días, el hombre vive sentimentalmente de la novedad y se desboca por satisfacer el deseo de ver, sentir, palpar, oler, oír y gustar la novedad, la participación de los agentes sensoriales.

Pero su placer se torna en angustia. Una especie de masoquismo interno que no es otra cosa que producto de la malicia morbosa de una naturaleza de pecado.

La angustia que se provoca se aquieta por nuestra propia psiquis mediante la idea de irrealidad, la que se logra al caer en la cuenta de que aquello finalmente no existe, no es real. Esto es como una especie de manipulación de los sentimientos.

Los espectadores del Frankenstein de Mary W. Shelley (aunque los filmes tanto el de 1910 como de 1931 muestran sus propias versiones) sienten repugnancia al ver contrariados los principios cristianos del mundo occidental consistentes en la idea de que sólo Dios puede crear la vida. Se sienten aterrados con la imagen anormal del monstruo y lo más grave se presenta en el momento de la mezcla. Cuando se mezcla la realidad con la irrealidad, lo cotidiano con lo extraordinario, lo normal con lo anormal, se produce una distorsión de los caminos mentales, de los patrones establecidos. La psiquis del espectador quiere aniquilar al monstruo. Primero siente placer por la novedad de su creación. Posteriormente quiere aniquilarlo. Quiere matar al monstruo creado por una mente enfermiza que, convertido en un sociópata, transgrede las normas éticas y de armonía de una sociedad formada en el seno de los ideales de orden y belleza. Finalmente, el inquietante observador que se ha entremetido en la farsa-realidad de la narración siente de nuevo placer al ver que la historia termina en comedia y que su deseo fue cumplido.

La mente no se satisface con la ficción pura. El interés nace de una vinculación de elementos independientes que se presentan como una amalgama posible.

Cuando se escribieron historias como esta, la novedad era tal, que la finura en combinación con el repudio de las historias Rumánicas del Conde Drácula y de la dramatización de las más antiguas leyendas fijadas en el corazón de la sociedad en ese entonces, fueron un completo éxito.

Ahora, en este del siglo XXI, la sociedad es muy diferente a aquella. Sin embargo, los principios son idénticos, por ello tales historias, revividas en filmes recientes han tenido tanto éxito. Los thrillers modernos continúan utilizando los mismos principios: ingredientes terroríficos en combinación con ambientes reales y comunes. Sin embargo, no todo lo presentado como terrorífico es irreal. En ocasiones son simplemente la escenificación de hechos reales que sucedieron en las manifestaciones demoniacas. Mucha gente que se sienta en las salas de cine cree que las escenificaciones de posesiones demoniacas no son reales, pero sabemos que sí lo son.

La separación de la realidad de la irrealidad

Muchos en la sociedad de nuestros días no sienten temor por lo mencionado arriba debido a creer haber dominado completamente su mente al convencerla de la irrealidad de las historias.

"No es real". Esa es la frase de actualidad en todo el mundo. Esta es la idea del carácter de invulnerabilidad humana ante todo lo que está vinculado con cualquier historia que se presenta en el mundo partiendo del simple hecho de que ésta contenga elementos anormales. El hombre ve como un verdadero avance social el hecho de haber separado lo ficticio de lo real. Ya no existe la posibilidad de cohabitación. Los elementos son realmente imposibles de mezclar. El camino del mapa mental se va por el lado de la risa. Cuando se logra mezclar la realidad con lo desconocido y donde el producto final es posible entonces se crea miedo.

El principio de Frankenstein es el mismo sólo que es difícil hacer creer que algo no usual o no visto pueda entrar en el mundo real. Pero cuando los sentidos captan que lo que antes se pensó era absolutamente imposible ahora podría ser real entonces el miedo aparece.

Un ejemplo podría ser el muy lamentable derrumbamiento de las torres gemelas en N.Y. debido a un acto terrorista. Si alguien hubiera visto antes de 2001 este hecho en un filme, la reacción del público en un caso así hubiera sido indiferencia o risa. Sin embargo, cuando los sentidos avisan a nuestro pensamiento de que aquello en realidad no es una película sino que es real, entonces se produce el miedo.

Es el juego de las posibilidades. Como decía Descartes:

"Basta el pensamiento de que un bien se puede adquirir, o un mal evitar, para ser impulsados a desearlo. Pero cuando, además, se considera si la posibilidad de obtener aquello que se desea es grande o pequeño, una probabilidad grande suscita esperanza, mientras escasas probabilidades suscitan temor".[15]

Mientras las posibilidades que el mal nos pueda alcanzar sean bajas no hay miedo, en tanto que si son altas entonces se produce el miedo.

Se trata de una percepción en nuestra mente. Si nuestra mente entiende que lo que deseamos tiene pocas o nulas posibilidades de que suceda o que aquello que tememos está cerca de nosotros, entonces el miedo aparece.

¿Realmente el resultado del análisis mental es confiable? ¿Tiene el suficiente fundamento? Son las preguntas que siempre debiéramos hacernos. De otra manera nuestra esperanza pudiere ser tan falsa como una luna de queso.

El juego de las posibilidades

Todos pensamos en lo hermoso que es tener seguridad. La libertad del temor es algo maravilloso. Una de las características de las sociedades avanzadas, esto conmociona deliciosamente nuestro espíritu en soberano placer. Así lo denotan los reportes de la UNESCO referentes al desarrollo humano en donde se presenta la libertad del temor como una de las libertades más anheladas por la humanidad en todos los tiempos. Sin embargo, aunque la sociedad actual, en gran medida, tiene un pensamiento más científico y ha logrado avanzar en la abolición de los temores provocados por supersticiones y leyendas de la antigüedad, no ha logrado aún liberarse (ni nunca podrá hacerlo) del temor.

Las nodrizas o niñeras de la antigüedad utilizaban, desde tiempos muy remotos historias de terror en donde el niño, desde su más temprana edad, ya se veía atrapado por la expectación que desembocaba en temor. Una de las historias clásicas consistía en el cuento de unos seres anfibios, mitad mujer, mitad pez que atraían y seducían a los hombres ardientes por el deseo sexual y, embebidos en el placer del comienzo, eran presas en las garras de las bestias disfrazadas de placer viril.

En el presente tales historias no funcionan porque la misma sociedad las ha convertido en chatarra vieja. El niño de hoy es mil veces más complejo que hace solamente cien años.

Y no sirven porque los niños no las creen, la misma sociedad ha creado un ambiente para detectar la mentira rápidamente (ese tipo de mentiras). Sin embargo entre más avance la sociedad las mentiras son cada vez más profundas, son las mentiras que mueven inconscientemente a las masas.

El miedo por tanto viene de una manipulación de lo que se hace creer que es realmente malo. Que las posibilidades de que venga el mal sobre la vida del individuo son muy altas. Ello causa sus propios beneficios a quienes hacen creer esto.

Pero no es el mal sobre otros a miles de distancia de nosotros sino a nosotros. Al hombre y la mujer le preocupan más una uña quebrada de su dedo meñique que la destrucción repentina de miles de personas en cualquier lugar distante.

Sigue el juego de posibilidades. Cuando algo considerado bello para la vida es realizable la tendencia humana es a desearlo, y más aún en los tiempos actuales en donde el deseo y el placer se han deificado. Cuando se desea el deseo empieza a crecer hasta que se convierte en una especie de amor. Cuando el amor es intenso se convierte en pasión. Cuando alguien se encuentra en cualquiera de los puntos de convergencia del deseo, de la especie de amor mencionado y de la pasión, entonces se habla de un enigma muy interesante: El descubrimiento de las posibilidades.

Si no hay una investigación de las probabilidades todo es duda y se puede caer en la angustia, que es como una especie de temor a nada y a todo a la vez o bien se cae en una fe infundada, que no es otra cosa que un fanatismo sin arraigo tan débil como una hoja otoñal.

De manera que entre más crece nuestro anhelo, mayor será nuestro temor al darnos cuenta que aquello no es posible.

Pues bien, el descubrimiento de las posibilidades nace de los hechos, de las realidades que son analizadas sensorialmente y bajo una visión tan científica como la finura de la inteligencia de cada persona lo permita. Del análisis de nuestra propia mente surge una conclusión. A ésta le llamo la conclusión de las posibilidades. Esperanza o temor o más estricto aún que la descripción Cartesiana, placer o temor.

El temor del que estamos hablando aquí nace de nuestras propias conclusiones con respecto a las posibilidades que golpean a nuestro intelecto, mientras que el placer (o seguridad) nace de la experiencia, del conocimiento (como veremos en capítulos subsecuentes).

Todo es un juego de las posibilidades de la realización de nuestros deseos.

Por lo que todo parte de cuáles son nuestros deseos y de lo que pensamos es la realidad de las posibilidades de lograrlo. Ahora podemos dirigirnos a la vertiente de ¿qué es real verdaderamente? y ¿qué no lo es?

Lo que es real

El hecho de que la sociedad haya separado el mundo espiritual del material. No quiere decir que el segundo no exista. Sus conclusiones son producto de un fundamento socavado e inestable. Sus ideas filosóficas aún no tienen suficiente sustento. Aunque la conclusión universal es que debe existir un Dios. La sociedad ha separado lo espiritual de lo material, llamando a todo lo que tiene inferencia con lo espiritual con el mote, en algunas veces respetuoso, otras despectivo y con cierto desdén, de religioso.

Nuestra sociedad moderna dice que todo lo vinculado con lo religioso es utópico, es parte de un protocolo ritualista cuyos conceptos el hombre y la mujer están completamente imposibilitados de llevar (aunque no lo dice por "no ofender susceptibilidades"). Estas conclusiones son precisamente su propia ruina.

Para alguien algo es real hasta el momento en que lo pueda captar con sus sentidos. Porque aunque pueda estar convencido filosóficamente y con argumentos válidos siempre quedará una puerta abierta a la incredulidad pues falta la experiencia. Esto es lo que sucede con los que no han conocido a Dios. Pueden creen filosóficamente en él pero no lo han conocido realmente.

Y por ello la misión de Jesucristo fue dar a conocer al Padre por medio de Él. Quien conoce al Hijo conoce al Padre (Jn. 14:7, Jn. 14:9).

Cristo dijo:

"Y esta es la vida eterna: que te conozcan ti el único Dios verdadero, y a Jesucristo, a quien has enviado"
Jn. 17:3

Y también;

"A Dios nadie le vio Jamás; el Unigénito del Padre, él

le ha dado a conocer" Jn. 1.18

Si realmente la sociedad conociera quien es Dios no sentiría temor del futuro. Si la sociedad conociera realmente quien es Jesucristo supiera quien es Dios y sus temores fueran disipados.

La esclavitud del temor ha adquirido otros matices. Pero no deja de existir. Dentro de la irrealidad de su propia libertad y bajo la entronización del placer, la sociedad vive con el espíritu de temor encapsulado por la risa de no creerle a Dios, bajo la idea subconsciente de que realmente Dios no existe (aunque no puede separarse de las sociedades religiosas por temor a perder su comodidad). No puede separarse de su religión porque ésta aunque no le brinda ayuda espiritual en realidad, si le brinda seguridad social. Y no creen en Dios porque no le ven ni le conocen, más bien le ignoran.

Dice la Palabra de Dios:

"Y como ellos no aprobaron tener en cuenta a Dios, Dios los entregó a una mente reprobada para hacer cosas que no convienen; estando hastiados de toda injusticia, fornicación, perversidad, avaricia, maldad; llenos de envidia, homicidios, contiendas, engaños y malignidades, murmuradores, detractores, aborrecedores de Dios, injuriosos, soberbios, altivos, inventores de males, desobedientes a los padres, necios, desleales, sin afecto natural, implacables, sin misericordia, quienes habiendo entendido el juicio de Dios, que los que practican tales cosas son dignos de muerte, no sólo las hacen, sino que también se complacen con los que las practican".

Ro. 1:28-32

Pero los que han sido liberados por Jesucristo de la esclavitud del temor pueden comprender la verdadera libertad de la experiencia de conocer a Dios. El placer existe en los nacidos de nuevo, la diferencia es que el placer de conocer a Dios es inmensamente superior, es como parte de otra substancia muy diferente. Es un placer perenne, es un placer de gozo eterno. Es la verdadera habitación de la esperanza. La esperanza que sólo el conocimiento de Dios puede albergar. Un placer deslindado del pecado, es un placer puro de carácter superior descendente del mismo trono de Dios y que tiene sus raíces en su bondad.

Y el conocimiento de Dios no es un conocimiento *acerca* de Dios sino que es una experiencia. El conocimiento de Dios no es posible con la experiencia de otros, ni siquiera con un convencimiento filosófico, sino sólo se puede lograr a través de Jesucristo mediante una experiencia personal. Se puede conocer a Cristo solamente a través de un encuentro personal con él. Esta es la verdadera realidad, el mundo entonces es visto de la manera en que el Señor lo ve. Los que están aún sin el Señor ven una parte del mundo. El hombre o mujer de Dios ve el mundo desde ambos grandes aspectos, el material y el espiritual.

Conclusiones:

1.- Los principios acerca del miedo siguen siendo los mismos que existieron desde el inicio de la humanidad misma aunque las sociedades hayan ido evolucionando. Siempre se trata de conseguir combinar adecuadamente elementos reales con otros que posiblemente puedan serlo.

La gente siente curiosidad por lo misterioso, le causa placer salirse de lo ordinario. El éxito de los modernos thrillers está basado en estos principios.

2.- El placer que se experimenta mediante la expectación de algo sobrenatural no deja de ser un sentimiento nocivo que no va con ninguno de los hijos de Dios. El miedo provocado por esta curiosidad enfermiza no deja secuelas positivas en el cristiano y no es sino parte de los sentimientos que quieren experimentar las personas con un espíritu poco refinado. El cristiano en cambio experimenta placer en el conocimiento de Cristo. Que nace de una experiencia. Este es seguramente el único conocimiento sobre la tierra que es imposible adquirir sino únicamente mediante una experiencia personal con Jesucristo.

3.- Otra de las raíces del temor emerge del amor que tenemos a algún deseo en unión con las probabilidades de su realización. No de las probabilidades reales necesariamente, que no siempre están a nuestro alcance, sino a las posibilidades que nuestra propia mente ha interpuesto a la realización de nuestro deseo. Entre mayor amor tengamos a ese deseo y menos probabilidades de realización pensemos que tiene, mayor será nuestro temor.

Oración

Señor, lo único en la tierra que realmente trae satisfacción al corazón eres tú. Alejo mi mente de todo aquello que pudiera ser una puerta de entrada para el diablo, cancelo todo deseo insano, toda idea que no proviene de ti. Mi amor sea por las cosas eternas, por ti y por todo lo que tú quieras que ame. Dirijo y concentro mi amor en ti, gobierna tú todos mis anhelos, no quiero interesarme en aquello que está fuera de ti. Oro en el nombre de Jesús, Amén.

CAPÍTULO 5

El miedo y el sexo

Cuando vemos el título de este capítulo una pregunta posiblemente emerge de inmediato en nuestra mente: ¿habrá alguna diferencia entre los sexos en cuanto a su condicionamiento al miedo?

Algunos datos científicos sobre el condicionamiento al miedo con referencia al sexo

Sabemos que el sexo depende de los genes. Existen veinticuatro parejas de cromosomas que dan las características al nuevo ser. A veintitrés de estas parejas se les llama autosomas (estos son cromosomas no sexuales) y la pareja veinticuatro corresponde a la que determina el sexo. Esta pareja se forma por los cromosomas que proporciona el óvulo al cual se le ha llamado X; mientras que el espermatozoide aporta uno de dos tipos de cromosomas. Unos son X y otros son Y. Por lo que dependiendo del espermatozoide que fecunde se determinará el sexo. Si se forma una pareja de cromosomas XX el sexo será femenino, si es XY será masculino.

Puede haber anormalidades, sin embargo aún no se ha comprobado que éstas tengan nada que ver con el comportamiento femenino o masculino de los individuos. Se puede mencionar, por ejemplo, el siguiente comentario del libro: "No está en los genes", escrito por R.C. Lewontin:

> "A los hombres que tienen una Y de más (XYY) se les ha descrito a veces como <<superhombres>>, y se han hecho esfuerzos por probar que tienen un nivel más alto de hormonas <<masculinas>>, que tienen una agresividad fuera de lo común o que tienen propensión al crimen. A pesar de que a finales de la década de los sesenta y a principios de los setenta hubiera una racha de entusiasmo hacia tales afirmaciones, hoy en día se les ha restado importancia". [24]

Realmente no se ha comprobado, aun y lo avanzado de la ciencia en esta área del conocimiento (sobre todo a últimas fechas), que la ausencia o mayor número de cromosomas tenga que ver en el comportamiento sexual del hombre o la mujer. Más que estar en los genes los científicos coinciden en que el comportamiento sexual está más bien determinado por el ambiente y los aspectos psicológicos: <<la identidad del rol de género se aprende>>[25]

Si la identidad sexual se aprende mediante el ambiente se puede decir que teóricamente la propensión al temor por parte de los hombres no tiene relación con su sexo. Hay sin embargo algunos estudios interesantes, sobre todo los realizados por Jeffrey A. Gray[18] quien, partiendo del hecho comprobado de que las ratas defecan al tener miedo refiere lo siguiente:

> "Se ha visto que las ratas macho defecan más y ambulan menos en el campo abierto; emergen más lentamente a un ambiente nuevo y lo exploran también con más lentitud; además, se <<inmovilizan>> más ante un sonido nuevo. Yo he observado que, comparados con las hembras, los machos demuestran más atusado de pelo y menor conducta exploratoria cuando demuestran más atusado de pelo y menor conducta exploratoria cuando se pasan a una jaula nueva..."

Independientemente de estos estudios científicos, que son bastante respetables, la comunidad científica toda se ha mantenido reacia a aceptar que realmente exista alguna diferencia en cuanto a la propensión del miedo en uno u otro sexo. Por ello los esfuerzos se han detenido.

Dudas de la predisposición al miedo vinculado con el sexo

Lo cierto es que Cristo vino a traer libertad a los oprimidos. Uno de esos oprimidos era precisamente el sexo femenino.

Históricamente el sexo femenino se ha visto con desprecio

diabólico de parte de los hombres y durante la historia ha sido objeto de innumerables abusos. Puede ser, sin embargo, a raíz de este abuso sistemático e histórico, que exista, debido a la experiencia, una valentía inculcada en la mujer que psicológicamente le haga más fuerte ante las nuevas experiencias.

Hay coincidencia entre la no correspondencia de las características genéticas para la identidad sexual, pero ¿pudiere haber una disposición genética del sexo masculino hacia el miedo a diferencia del sexo femenino? No se sabe con exactitud. La realidad es que no hay pruebas suficientes para afirmarlo.

La valentía de la mujer es innegable

Científicamente es indemostrable plenamente hasta hoy que exista una verdadera correlación entre la predisposición hacia el temor en uno u otro sexo. Pero algo es cierto. Había sobre la mujer una maldición desde Génesis (3:15). Esta maldición, en alianza con la debilidad física de la mujer le mantuvo por mucho tiempo sin acceso a la educación, al voto, a cargos políticos y en general a la mayoría de los privilegios a los que el hombre sí tenía. Es lamentable y vergonzoso, pero nuestra generación admite que la mujer ha sido objeto de incontables formas de maltrato y menoscabo a través de los siglos.

Cuando Cristo vino a morir en la cruz crucificó también la maldición que tenía atado al sexo femenino y le dio libertad plena de acción y comportamiento; Cristo vino a destruir esa acta del decreto que decía: "La mujer es inferior" (Col. 2:14).

Desde que Cristo murió la humanidad empieza a liberarse de esa lacra, que lamentablemente aún no está exterminada del todo en los países del mundo. Sin embargo ¿en qué estado estaría la mujer si no fuese por el sacrificio de Cristo en la cruz del calvario? O dicho en palabras de un sociólogo: "¿En qué estado estaría la mujer en occidente si no hubiera sido por el Cristianismo?"

No se puede negar que el cristianismo, a diferencia de las demás religiones, abre la puerta a la mujer para que cohabite con el hombre en un estado de igualdad social. No se podría estimar a ciencia cierta las enormes repercusiones del cristianismo en el avance a la igualdad social de que se goza hoy en día mayormente en los países de occidente.

Algo es cierto, hay en muchas de nuestras congregaciones más mujeres que hombres.

Sabemos que tener un encuentro con Jesucristo es un asunto de valentía; que representa un asunto de decisión violenta para dejar mucho de lo que el mundo tiene como objeto de su propia seguridad. ¿Significa que la mujer tiene menos miedos o que realmente es más valiente que el hombre? Y si se es más valiente que el hombre ¿cuál es la raíz de esa valentía?

Ante Dios como sabemos no hay diferencia. En el cielo inclusive, no tendremos sexo, sino dice la Palabra de Dios que seremos como los ángeles de Dios (Mc 12:25). Para Dios lo mismo da que sea mujer u hombre. Aunque en la familia el hombre está puesto por Dios para ser la cabeza (1 Co 11:3).

Dios llama indistintamente al hombre como a la mujer sin hacer ninguna diferencia. Sin embargo la mujer tiene generalmente más predisposición de decir no a su vida pasada. Tiene mayor disposición a sufrir cualquier consecuencia social que pudiere surgir de su decisión (una negación a la ideología del mundo) y a negar y nulificar la acción de la carne: Una vuelta de espalda a todo tipo de adicciones y hábitos pecaminosos.

Esto pudiere constituir una respuesta al mismo desprecio social en su conjunto. Aunque la mujer en muchos lugares del planeta ostenta las mejores oportunidades de progreso, en muchos otros aún no tiene la plena libertad de acción de que disfruta el hombre y, peor aún, en algunos todavía ellas son objeto de las más terribles injusticias. La mujer en tales circunstancias encuentra en Cristo la plena libertad del temor. Un temor sucede a otro. El temor a continuar en una situación de desigualdad pudiera predisponerle para vencer el miedo social. Pero esto pudiere no ser cierto debido a que aún en los países con mejores condiciones para la mujer sucede lo mismo. ¿O es que Dios tiene alguna preferencia por la mujer? No lo creo. Para Dios no hay distinción. Sin embargo pienso que la mujer tiene más agudeza emocional debido a que aún y cuando se habla de igualdad, no existe en ninguna cultura un carácter estricto de igualdad. Y no lo es simplemente porque no podría ser. Dios hizo a la mujer de diferentes características a las del hombre. La Biblia dice que el hombre debe de tratarle como un vaso más frágil (1 P 3:7). Y esta fragilidad es precisamente su fortaleza.

La mujer con mayor fortaleza emocional

En la salvación no podemos dejar de lado las emociones. Las emociones juegan un papel muy importante. Porque ellas nos hacen creer plenamente. Las emociones fueron creadas por Dios para este propósito. El ser humano es por naturaleza emocional. Jamás podrá abstenerse de tener sentimientos. Puede ser que la cultura en que se encuentre inmerso le sugiera que reprima las expresiones de sus sentimientos, pero ello no quiere decir que no les posea. Allí están, porque todo hombre y toda mujer poseen un alma. No importa si es un científico de renombre o si es un director de orquesta. Todos tenemos sentimientos y esto es innegable. Cuando oímos la palabra de Dios. La palabra de Dios va directamente al corazón, al alma, al centro de nuestros sentimientos.

Hay mayores diferencias físicas entre la mujer y el hombre de las que podemos imaginar. Inclusive las últimas investigaciones en el campo de la genética nos pudieren otorgar mayores destellos de luz al respecto. Sin embargo, sabemos que además de las diferencias físicas existen misteriosas diferencias en el alma, algo que no es posible comprobar por los métodos científicos. Esto es la fragilidad de la mujer, la que está presente en el centro de su propio corazón.

En esa parte a la cual nuestros ojos físicos no tienen acceso, que es parte invisible que no se puede analizar científicamente, ahí, en el centro del alma, Dios en su infinita misericordia, ha puesto la fragilidad de la mujer. Esta fragilidad es maravillosa para los hombres. Pero también ésta fragilidad, esta delicadeza, esta sensibilidad superior hace que ellas sean más perceptivas a la Palabra de Dios y se genere mayor fe que en el hombre en muchas ocasiones.

Esto parece increíble pero gracias a esta sensibilidad femenina, la mujer es recompensada con la salvación de su alma como si fuese una dote dada por Dios para el género debido a su terrible sufrimiento y maltrato histórico.

Dice la Biblia que Dios es justo (Gn. 18:25) ¿porque entonces desconfiar de su justicia? Podemos desconfiar de la justicia humana que es falible. Podemos estar en contra o a favor de la pena de muerte en nuestro país pero no podemos desconfiar de las decisiones de quien es infinitamente más sabio. Y de quien sus pensamientos están completamente fuera de nuestro alcance (Is. 59:9).

Estas últimas aseveraciones, como todas las de esta naturaleza, son de carácter general. Por ello no se quiere decir que una mujer en forma automática va a tener mejores características emocionales que el hombre. Esto no es tan sencillo, nunca lo ha sido ni lo será. Lo que estamos analizando ahora es si existe una mayor predisposición del hombre al temor que en la mujer en términos muy generales.

Analicemos estas ideas en la mujer que vino a Jesús cuando éste estaba en la casa del fariseo en Lucas 7.

No es posible imaginar con certidumbre la magnitud y carácter de los temores a los que esta sufrida mujer hubo de enfrentarse. Imaginemos, aunque haciendo uso de la inferencia, que era hija de una familia judía criada con los principios éticos que prescriben las Escrituras, y que por alguna oculta razón (seguramente catastrófica y penosa) habría de amagarle una metamorfosis gradual descendente en su pudor y decencia. A grado tal que le fue imposible a su conciencia hacer distinción entre lo bueno y lo malo. El rumor y aún el testimonio de testigos oculares delataba explícitamente su condición de pecado, para convertirle, a juicio de todos cuantos le conocían (sin contemplaciones e inmisericordemente), en una persona con ausencia absoluta de decoro, despreciable y vilipendiosa.

Cristo era el lado posterior de la moneda, con una fama y popularidad extendidísima, era objeto de los más grandes díceres, de alabanza, de magnifico favor, de encomios mil como consecuencia de las cosas que le habían visto realizar y por las palabras de su boca: Palabra de máxima sabiduría y autoridad.

La casa del fariseo era seguramente la casa de un hombre rico y poderoso. Un hombre de posición social envidiable que invita a Jesús a su casa seguramente con razones completamente distintas a las que todo hombre prudente debía buscar al Hijo de Dios: El perdón de sus pecados. Más bien sus intenciones parecen obedecer a su tremenda curiosidad sobre la personalidad del Rabino y para mostrarle la gloria de su casa quizá en un sitio exclusivo de la ciudad. Simón quiso inquirir quien era realmente este Jesús que gozaba de tanta fama.

Descritos los personajes en cuestión, valdría preguntar: ¿Sería fácil una osadía de la magnitud de la de esta mujer con alma de gran precio pero en gran manera sucia? No lo creo. Seguro tenía un gran temor por verse envilecida en presencia de todas esas personas pulcras y santas, (al menos en la propia opinión de la mayoría) que se extendían jactanciosas en aquel recinto lujoso. Sin embargo, con certeza su temor más grande era a ser rechazada por Cristo.

Temor a ser despreciada por el mismo Maestro Jesús que bien podría hacerlo, a sabiendas de su poder para profetizar (por ello lo dicho entre dientes por Simón, el fariseo). Era un temor tremendo a ser avergonzada y extirparla por Jesús como un tumor canceroso y putrefacto de la sala en que Él tomaba los alimentos con el fariseo.

El riesgo era que el Señor Jesús le desairare de inmediato haciendo que los criados de Simón la arrojaran fuera de la vista de todos. Sin embargo, todo aún y su temor en clímax decide, valerosamente, encaminarse a donde Jesús estaba. Pero no fue con las manos vacías sino que presenta ante Cristo, más que un grato olor para el magnífico olfato físico del bendito Rabí, el perfume de su corazón arrepentido. Y el olor de rojo carmesí de sus pecados y de la descomposición de un alma muerta y deformada por el pecado era envuelto por ella en un manto de lino de olor suave y delicado de un corazón arrepentido.

Vino pues, con el perfume de su corazón arrepentido y con el perfume de alabastro que procuró para agradar al maestro como símbolo físico de su rendición sincera. Sus lágrimas además testificaron de la agudeza de su decisión. La decisión de luchar con insistencia por alcanzar la misericordia de Dios. ¡Qué voluntad de mujer!

¿Cómo no habría de alcanzar el perdón de sus pecados con tal majestad de valentía? ¿Cómo no satisfaría Jesús sus súplicas al sentir reflejadas en sus propias pupilas la imagen de valentía heroica de esta mujer pecadora? Su valentía le fue contada por justicia. Su valentía le libró de la ruin e ignominiosa suerte de su pobre alma.

Cuantos ejemplos más existen de mujeres de decisión, de determinación, de una sola palabra, de valentía imperiosa que hacen añicos, descuartizan, despedazan y desmembran el temor a su paso. No en la misma proporción en el sexo masculino. Por ello todo lo que menciono en este capítulo es digno de considerarse. Dios bendiga a nuestras santas mujeres que han alcanzado el reino de Dios y han sido ejemplo vivo de gran valentía y temperamento. Ellas están en la galería del cielo, en donde figuran los héroes más vigorosos, osados e intrépidos de toda la existencia humana. Su superioridad valerosa no sólo es un cúmulo de palabras de simpatía. Es más bien un cúmulo de argumentos que tienen buena coherencia. Y quien tenga buen juicio podrá tomarlos aún en ausencia de los efectos de los sentimientos.

Conclusiones:

Mediante la Palabra de Dios podemos asegurar que todas las maldiciones nos son deslindadas una vez que venimos a Jesús. Parte de estas maldiciones es la maldición de la subyugación injusta del hombre sobre la mujer. La cruz de Cristo vino a pulverizar las acciones dirigidas hacia la injusticia y misteriosamente ha depositado en la mujer una esencia tal, que le ha hecho en forma general, menos susceptible al temor que el sexo masculino. Esto, aunque se demuestra en la práctica con innumerables casos, no ha sido corroborado por la ciencia aún y cuando algunos esfuerzos de investigación arrojan datos a favor del argumento en cuestión. Este desdén por llegar al conocimiento comprobado de esta hipótesis (que ya ha sido del interés de algunos) quizá se deba al interés satánico frente a la preservación de la mujer bajo yugo de esclavitud a toda costa y precio consciente o inconscientemente por la sociedad en su conjunto. Dicho lo anterior, sin embargo, no es posible negar que en muchas de nuestras iglesias sea más el número de mujeres que de hombres como demostración irrestricta de valerosidad sesgada hacia el sexo femenino. Debo agregar, no obstante, que mis conclusiones no dejan de ser en este caso particular, producto de observaciones fidedignas dignas de consideración que no pretenden adquirir un mote dogmático.

Oración

Te doy gracias Señor porque tú me has hecho libre de todo yugo de esclavitud. Tú liberaste a todo ser humano con gran poder con tu sangre derramada en la cruz. Gracias por hacer libre a la mujer de toda maldición, porque esto nos ha traído una tremenda libertad a toda la humanidad. No quiero ser presa del miedo porque tú ya nos trajiste libertad del temor. Deposito por tanto mi fe en ti Jesús y declaro con gran fuerza que tú utilizarás la misma fuerza que tú mismo depositaste dentro de mí para mi bien, para llevar cautiva la cautividad, para llevar a cuestas todo temor y hacer que él me sirva en los propósitos tuyos. Oro en el nombre todopoderoso de Cristo Jesús.
Amén.

CAPÍTULO 6

El temor al demonio

Miedo a los muertos

Queda para la humanidad, a raíz de la revolución francesa, el acuñe de la palabra terror (*"Terreur"*). Dice Lefebvre[17] que en esta sangrienta revolución murieron condenados más de 40,000 personas sólo en la guillotina. ¡Qué espantoso imaginar con toda certeza que en esta cifra lamentablemente no se incluyan muchos otros que fueron víctimas de asesinatos sin atravesar por el tribunal del terror! Aún el mismo hombre imperceptible, insobornable e irrefutablemente recto de Robespierre, fue víctima de esta máquina del infierno en un gesto de traición. Su cabeza es separada brutalmente de su cuerpo en la guillotina, el instrumento de terror que se tocaba al son del esfuerzo por traer verdadera libertad y justicia a Francia. Por cierto, no fue Robespierre quien trae a la revolución la estrategia de "poner el terror a la orden del día" ni son otros importantes protagonistas de la revolución como Saint-Just o Marat, sino que la historia registra que fue el obispo constitucional de Ain y miembro de la convención, J.B. Royer[2], quien tiene tan diabólica idea. Con ello tanto este obispo como los demás coincidentes con las ideas revolucionarias pusieron en las pupilas de su mente el asesinato. La extirpación de la gangrena que traería una muerte nacional. Así es la revolución, así es este tipo de guerra. Toda guerra tiene su raíz en un ser humano enfermizo de poder y de anhelo de riqueza a costa de lo que sea necesario. Siempre su pensamiento está centrado en obtener posición, poder y posesiones. El fin último es el placer. Un placer traído por las raíces de la avaricia y orgullo.

El terror es generado por la expectación del enfrentamiento fatídico de la muerte, el elemento desconocido que los decapitados tenían que sufrir, el elemento inscrito en las células neuronas que almacenan datos desde el comienzo mismo de su existencia, si no es que antes.

Ese valle tenebroso y obscuro por donde la mayoría de los seres humanos no quieren transitar y que piensan ven muy a lo lejos, como en el horizonte de un ocaso, como en el sitio de decline de una vida exitosa y llena de mil satisfacciones. Lamentablemente muchos de los casos no son así, sino que de pronto, tan inesperadamente como un eclipse en la edad de la inexistencia de la ciencia, Dios les dice: "Necio, esta noche vienen por tu alma".

Los franceses no podían dormir pensando y soñando que las cabezas de los ajusticiados les aparecían en las sombras de sus habitaciones en la quietud y en medio del cantar de los insectos nocturnos. Dormían pensando que las cabezas demacradas y desfiguras de sus precoces adversarios, que recientemente habían muerto en medio de una catarata de sangre, se asomarían por las ventanillas de sus habitaciones de cara al sitio en donde estaba la guillotina. Y al levantarse, en la penumbra de un día tan tierno como un bebe recién nacido, su mente se horrorizaba al pensar que dentro de sus cuartos de baño, mientras estaban desnudos aparecerían los cuerpos en descomposición de la secuela revolucionaria. De ahí podría haber surgido la ingeniosa idea de Alfred Hitchcook de aterrorizar en el momento de la ducha, en un tiempo de completa indefensión y vulnerabilidad.

Los franceses tenían miedo que las cabezas ensangrentadas rodaran por sus escaleras o estuviesen flotando en los abrevaderos de las bestias mientras llenaban sus depósitos en la oscuridad de la madrugada.

Los franceses tenían sueños de terror. Sueños en donde imaginaban a los fantasmas, cuerpos humanoides sin cabezas, persiguiéndoles y torturándoles. Esa era la raíz de su temor. Pensar que los muertos regresarían para vengarse de ellos; que regresarían para aterrarlos y aconsejar a sus enemigos.

El miedo se acrecentaba al pensar en la descomposición y gasificación de los elementos de los cuerpos y singularmente por el pensamiento provocado por la imagen mental de rostros deformados por los gusanos.

Los gusanos en particular son un elemento de terror importante, la Biblia nos dice que quienes sean rechazados de la presencia de Dios por no estar justificados mediante la sangre del Cordero Santo de Dios, Jesucristo, serán lanzados vivos al lago de fuego, donde el gusano no muere (Mr. 9:48). El gusano es un ingrediente familiarizado con el terror de la muerte.

El temor de la muerte en cuerpos engusanados también se encarna en la idea de que ésta es contagiosa; esto explica el porqué de los ritos de purificación de los vivos después de presenciar o estar en conexión con los cadáveres muy común en sociedades antiguas.

Aún en nuestros tiempos, en el clima de una sociedad embriagada por la jactancia de haber superado esos miedos, la inmensa mayoría de los vivos no se atreven a pasar a media noche por un cementerio, en donde su imaginación tiene una tierra rica y fértil.

Y la idea persiste. El miedo a los muertos que deambulan en el mundo de los vivos persiste. Aún los cineastas modernos introdujeron el concepto de "*zombi*" a las pantallas porque saben que es un elemento terrorífico. Aunque el avance en la presentación del género haya emigrado a cosas cada vez más espectaculares, los elementos primarios no podrían ser nunca retirados.

Pero debe haber alguna raíz más allá de lo que la psicología puede explicar. El temor a los cementerios en combinación con la obscuridad debe tener *per se* una raíz más profunda y evidente.

Los investigadores han concluido que en forma natural un bebé después de haber perdido la idea de omnipotencia e invulnerabilidad al experimentar la no-satisfacción de muchos de sus deseos, se enfrenta al miedo a la obscuridad a los dos años y medio o tres.

El miedo a las tinieblas es algo muy común en el hombre. Es

interesante imaginar el temor que debieron experimentar los seres humanos cuando no existía más que la luz del sol. Los hombres que vivían en cuevas, o al atravesar los yermos en una noche sin luna, sin estrellas ni fuego debieron haber enfrentado peligros reales de la naturaleza misma, a tientas. De ahí el miedo en la obscuridad se muda a miedo *por* la obscuridad.

El bebé de dos años y medio piensa y desarrolla su imaginación por el impulso del miedo a la obscuridad. Ve los árboles como monstruos que entran a su habitación; piensa que debajo de la cama se encontrará un sujeto cubierto de sangre que le sorprenderá maliciosamente; las máscaras de los payasos en la obscuridad pudieran también asustarle; los objetos parecen tener movimiento; el viento trae consigo entes extraños que entran a su habitación invisibles en medio de las tinieblas.

Pues bien, el temor a la muerte, el temor a los muertos y el temor a la obscuridad se conjugan en un cementerio.

Un cementerio en donde aparecen espíritus de entre los muertos. Y el miedo surge de lo sobrenatural y desconocido de aquello. Sin embargo no es tanto el miedo a lo desconocido lo que obliga al ser humano a temer, como se ha pensado siempre, sino que más bien el hombre teme a los muertos por la conexión que esto tiene a su propia muerte y su negligencia en cuanto a la preparación de su alma para enfrentarla.

El hombre teme a los muertos por su conexión con el más allá, por el carácter sobrenatural de un mundo espiritual al que gusta ignorar pero que sabe dentro de su ser que realmente existe. Teme a los "fantasmas" que cree son los muertos que en vida dejaron cuentas pendientes que al retornar al mundo de los vivos vienen a saldarlas aún con quien no haya tenido nada que ver con el asunto.

Miedo a los fantasmas

Millones de historias se cuentan con respecto a este tema. Historias que no parecen reales, sino más bien producto de mentes fantasiosas. Pero una cosa sabemos: que existe un reino espiritual satánico que gobierna el mundo. La Biblia dice que satanás es el dios de este siglo (Jn. 12:31, 2Co. 4:4:). El mundo entero está bajo el maligno (1Jn. 5:19); y en la antigüedad y hasta hace algunas décadas se valía de este tipo de historias para atemorizar a los hombres y mujeres. Aún David lo menciona… "*El terror nocturno… ni pestilencia que ande en obscuridad…*"

El fin último del diablo es claro, destruir la creación de Dios, evitar por todos los medios la vida eterna en Cristo, y que el hombre y la mujer sufran en la tierra y sufran por la eternidad. El sufrimiento en sí, y bajo su principio más estrictamente puro, sabemos no procede de Dios, sino que es *necesario* para moldear y someter nuestra naturaleza pecaminosa a él. La Biblia dice que tenemos por bienaventurados a los que sufren (Stg. 5:11). Dios no puede ser tentado por el mal ni desea en realidad el sufrimiento de nadie (Stg. 1:13), Pero sabe que es necesario para nuestro perfeccionamiento en la vida cristiana y para que nuestro carácter llegue a ser como el de Cristo. Por ahora, a causa del pecado tenemos que participar de los padecimientos de Cristo (y en muchos cristianos en el mundo esto es algo tan real como se describe en el Nuevo Testamento) pero podemos estar seguros de que la aflicción del tiempo presente no se compara con la gloria venidera que se manifestará en nosotros (Ro. 8:18) ¡Aleluya! El mismo Señor nos dio el ejemplo supremo de sufrimiento a causa de un mundo en pecado. Pero a diferencia del sufrimiento de quien está en el centro de la voluntad perfecta de Dios el sufrimiento de los impíos regularmente trae destrucción, tristeza y amargura. Satanás está detrás de todo sufrimiento en la tierra. Sobre los impíos lo hace a su antojo, sobre los hijos de Dios necesita el permiso de Dios (Job 1, Lc. 22:31).

El miedo es algo que se relaciona íntimamente con el sufrimiento. Sabe satanás que quien le teme sufre. Por ello desea infundir temor.

Pero sus redes se extienden más allá de un simple temor a los fantasmas. En nuestros tiempos los demonios han tomado mil y una estrategias para lograr ese objetivo.

Satanás usa a sus cómplices (los impíos) para infundir temor en los seres humanos. Un placer aún más diabólico será el producido a partir del miedo en los niños —los seres humanos más amados por Dios— mediante un sinnúmero de estrategias inspiradas por el demonio.

Miedo al reino de las tinieblas

La humanidad teme al demonio. Ya no en la forma antigua de los fantasmitas, sino que le teme bajo otras estrategias. Toda esa ola de maldad y destrucción tolerada y practicada por la humanidad produce temor y terror detrás de unos cuantos minutos de placer pecaminoso. Esos minutos de placer se ven transformados en horas de angustia y desesperación, en horas, días semanas, meses y hasta años de injusticia y sufrimiento sin medida.

Los ojos de un mundo aterrorizado están puestos sobre los hombres y mujeres llenos del Espíritu Santo para que sean ellos quienes les libren de esa cárcel de temor al demonio en la que se encuentran.

El miedo que los hombres y mujeres le tienen es causa de placer para el demonio. Siente un placer insano al saber que el temor a Dios se canaliza más bien a él con la connotación de secuelas de sufrimiento. Un sufrimiento que no trae sino destrucción —mientras que el sufrimiento en Cristo trae un mayor peso de gloria, gozo y un moldeo hermoso al carácter de Cristo—. ¡Qué maravilloso estar seguros que la consecuencia del temor a Dios es obediencia! ¿Necesito decir cuál es el maravilloso fruto de la obediencia a nuestro amado Señor? Dice Pedro:

"Habiendo purificado vuestras almas por la obediencia a la verdad, mediante el Espíritu, para el amor fraternal no fingido, amaos unos a otros entrañablemente, de corazón puro;"
1 P. 1:22

El diablo entonces quiere que se le tema a él y se enfada cuando los siervos del Señor no le temen. Y más aún cuando los siervos del Señor se burlan de él. Por tanto, lo que produce más rabia en los demonios es que nos burlemos de ellos. No que nos burlemos de ellos como quien se burla de la existencia de los fantasmas. No. Me refiero al momento en que los siervos del Dios altísimo se burlan de él al desenmascararle.

Y el motivo de su rabia es que, en vez de temerles, un hombre o mujer lleno del Espíritu Santo le da risa el poder del enemigo si fuese comparado con el poder majestuoso de Dios que es infinitamente superior. Inclusive aún tal comparación es una locura.

Hablamos del poder de Dios en acción. No el poder de Dios meramente mencionado, el que cualquier persona por la calle no dejará de negar, sino el poder activo en los siervos de Dios. Porque así como la salvación de nuestro Dios es para todo el mundo y todo el mundo es salvo (potencialmente) así, potencialmente todos los salvos tenemos poder y autoridad en el nombre de Jesús pero para que sea realidad se necesita muchas horas y aún días enteros de rodillas.

Pero no basta reírnos de ellos, tenemos que evitar que satanás y su reino sigan infundiendo temor en nuestra amada humanidad.

Un miedo perpetuo al demonio

Hace ya algunas décadas se hicieron estudios para establecer cuáles eran los temores innatos en el hombre. Me pareció muy interesante la conclusión de Jeffrey A Gray.[18]

Esta conclusión se basaba en las investigaciones científicas realizadas a grupos de niños pequeños, los cuales fueron encerrados en un cuarto con una serpiente grande pero inofensiva. Se observó que los niños de hasta dos años no presentaron ningún indicio de miedo, en tanto que del rango de dos a cuatro años mostraban signos de precaución y los de cuatro años en adelante tenían un cuadro completo de miedo.

Las conclusiones hechas por este estudio comentado por Gray revelan que el miedo a las serpientes en los humanos parece ser innato y se denota gradualmente con la edad, mediante un proceso de maduración. Las objeciones que se produjeron a estas conclusiones consistían en que el niño iba adquiriendo algún conocimiento del mundo exterior en donde la idea de que las serpientes son dañinas está muy difundida. Para aclarar el punto, en 1947 el conocido psicólogo canadiense D.O. Hebb, hizo estudios utilizando chimpancés. Mediante los resultados de este estudio Gray puede concluir con mayor certeza: "El temor a las serpientes es innato en los chimpancés, por lo tanto se comprueba que el temor a las serpientes en los seres humanos parece ser innato".[18]

Sea realmente cierto este concepto o no sabemos que la serpiente siempre ha sido símbolo de satanás. Por tanto no nos causaría asombro que el hombre, nacido bajo una naturaleza pecaminosa (Gn. 5:3) presente un cuadro de miedo ante la presencia del símbolo corpóreo de satanás.

Esto es sólo una inferencia interesante, lo cierto es que satanás, que es el diablo, el engañador de las naciones, ha logrado que se le tema; a él le teme el hombre y le teme porque no conoce un poder más grande que el de él. Pero pudiendo conocer el poder inmenso e inexplotable de Dios, las masas son como una bestia, que aunque potencialmente fuerte es llevada y encadenada por un niño tan indefenso como una paloma.

El pecador no conoce un poder más grande que el de satanás, el del mundo. El mundo entero está bajo el maligno y la sociedad reconoce solamente ese poder, lo alaba, lo respeta, lo teme. Teme como las sociedades antiguas creían a los dioses mitológicos. Como temían los romanos a *Palor y Pavor* dioses a los cuales veneraban y consagraban templos porque ellos, según creían, les abrían o cerraban las puertas de la victoria y había que congraciarse con ellos.

¡Oh pecador si conocieres al menos el poder de Dios, el poder que hace en pedazos el temor del diablo y te da libertad! Si conocieras el poder del amor de Cristo que cambia los corazones más perversos, que desata los endemoniados más enredados, que da paz en los corazones en la más cruda de las guerras y les pone tregua perpetua... si conocieras el don de Dios y la libertad que está detrás de su poder, tu irías a él y te someterías realmente a su voluntad para buscarle de corazón sincero, acudirías a su fuente de perdón en arrepentimiento y humillación; sería él tu Dios y de inmediato huirías de la idolatría, de la religiosidad vana, de los placeres del mundo, de los vicios, de la mentira, de la avaricia del dinero, de la lascivia, del adulterio, de la ira, de la injusticia, de la vanidad, de la lujuria, de las borracheras, de los engaños, de la pesa falsa, de la rebeldía contra los padres, del robo... y ya no te esconderías más cobardemente en la capa falsa de las frases: "Nadie es perfecto", "Todos lo hacen".

Pues Dios trata con el hombre tan individual como lo es él mismo. Cada uno rendirá sus propias cuentas delante del todopoderoso. Y en un momento todo acabará y muchos serán casos de vidas completamente gobernada por el temor, de principio a fin. Temor en vida al mundo y a satanás, cobardía para aceptar a Cristo, temor después de la muerte al verse con el peso de sus pecados en su cuenta sin que nadie le pueda justificar en ese momento. Y finalmente, miedo perpetuo en el infierno.

Conclusiones:

1.- El mundo no ha conocido un poder más grande que el de satanás y le teme. Satanás, como príncipe de este mundo, ha logrado infundir temor en los seres humanos de diversas maneras. Ya no es a través de las historias de fantasmas sino que ahora lo hace a través de toda una red de destrucción y de maldad que tiene con el anzuelo de un poco de placer a cambio de mucho sufrimiento. El mundo entero está bajo el maligno y quiere a toda costa destruir la obra de Dios a través del temor porque quien logra infundir temor en su adversario estará por demás vencido antes de luchar.

2.- Los miedos natos del hombre demuestran que todo ser humano tiene una tendencia natural a buscar las cosas de abajo y a tener temor a los demonios, por lo que nunca en forma natural podremos temer a Dios si no por el Espíritu Santo. Satanás ha usurpado el temor que le debería pertenecer a Dios utilizándolo para dar sufrimiento a la humanidad; los resultados de ello son tristeza, remordimientos, amargura y finalmente destrucción.

3.- En ocasiones el Señor permite que el enemigo de nuestras almas aflija a los hijos e hijas de Dios por un tiempo. Pero siempre que la fe es probada y el Señor ha cumplido su propósito, el siervo o sierva del Señor se levanta con más fuerza y Dios le da mayor bendición.

Oración

Señor tú nos has sido refugio de generación en generación, pues yo soy una más de las miles de generaciones que tú has amado desde el principio del mundo. Mi seguridad está en ti y no en nada de lo que tenga, tú eres mi salvación y mi temor, a ti daré toda mi reverencia como el Rey supremo que eres. Decido en mi corazón no temer a nadie más que a ti. Echo fuera de mi corazón en el nombre poderoso de Cristo todo temor distinto a este, pues es extraño, no procede de ti y no te agrada. Perdóname por temer a tus enemigos antes que a ti, pero ahora me someto nuevamente bajo toda tu autoridad. Reitero también mi pacto de lealtad a ti. Oro en el nombre de Jesús.
Amén.

CAPÍTULO 7

El temor fundado del diablo

La base ensangrentada del miedo demoníaco

La guillotina de la revolución francesa es considerada por los franceses mismos como el más "hermoso" instrumento de muerte. Una muerte instantánea que no trae ningún dolor a excepción de un dolor psicológico.

Una muerte directa. Alguien sin darse cuenta podría estar en una de ellas y de pronto: ¡zas! El filo de la navaja de un poco más de 35 cm cae desde una altura de 2.80 m y su caída no necesitará más que tan sólo 3/4 de segundo para matar instantáneamente al sujeto en cuestión.

Le deja completamente muerto, no hay duda de ello, sin sufrimiento, sin dolor, una muerte instantánea.

Satanás no había entendido a cabalidad el significado del sacrificio de Cristo. Creía que al matar a Jesús todo terminaría. Por ello trama algo: Entrar en el corazón de Judas para asesinar al Maestro:

"Y cuando cenaban, como el diablo ya había puesto en el corazón de Judas Iscariote, hijo de Simón, que le entregase..."
Jn. 13:2 (ver también Jn. 13:27)

Es extraño en la serpiente antigua, el diablo. Es extraño porque siempre ha sido astuto, pero aún él, en contra de su voluntad, en un estado inconsciente, hace que la voluntad de Dios se consuma. Una y otra vez se produce lo mismo: Dios usando todos los medios, inclusive sus mismos enemigos para realizar sus propósitos. Por más astuto que sea el enemigo. Siempre Dios le utilizará cuando Él quiera a su placer. Dios es la fuente de todo conocimiento. Si hay alguien con conocimiento y sabiduría en plenitud ese es nuestro Dios. Los hijos de Dios son como él: astutos como serpientes, mansos como palomas (Mt. 10:16). Sin embargo no es nuestra habilidad lo que nos hace vencer sino el poder de Dios que hace en pedazos todas las pretensiones de los enemigos del reino de las tinieblas.

Imaginemos…satanás ve una cabaña alejada de todo. "Quizá es un buen momento para descansar —se dice—iré a esa cabaña abandonada". Camina, se enfrenta al umbral, abre la puerta. La puerta tiene una bisagra tan vieja y mohosa como una tortuga gigante, la bisagra gime, la puerta casi se desmorona. Los rayos del sol escurridizos por entre el polvo de los cristales permiten ver el interior. ¡Ahí está! Con cierta torpeza camina por el piso de madera que alojan millones de termitas y en una esquina, el asqueroso diablo ve la guillotina. Le observa lentamente, le rodea. Le observa con quietud y después de contemplar todas sus partes dice: "¡Qué instrumento tan extraño!" Le toma en sus manos y dice: "¡pues si es que no pesa nada!, Es tan ligero e inofensivo, parece tan frágil ¿Acaso no pesa menos de 60 kg?" Camina hacia atrás ve el semicírculo que está en la parte inferior y con toda su atención se pregunta para que servirá.

Mientras tanto, en la cumbre de aquel monte mudo sucede lo inexplicable, en medio del furor de los enemigos del Cordero, con el temor infundido por estar dando muerte al legítimo Hijo de Dios, inicia la manifestación de lo que satanás sabía era el poder de Dios en acción: El terremoto, las tinieblas, el velo en dos. Se empieza a inquietar... "¿Para qué servirá esta cuchilla? Realmente produce miedo este pedazo de metal tan afilado..."

No creía que Jesús, después de muerto, fuera a traer ningún tipo de impacto. Como no le pudo vencer en el desierto ni durante su ministerio ahora que creía matarle podría pensar: "Su muerte es el fin que estaba esperando". Pero que torpeza, ¡cómo podría matar al Autor de la vida!

Tan confiado estaba que no resistió la tentación de poner su cabeza en el semicírculo y tan cansado de su lucha durante más de tres años que se propuso a contemplar el espectáculo de aquel que moría por los pecados de toda la humanidad. Puso pues su cabeza en el semicírculo mientras se deleitaba con el sufrimiento del Salvador del mundo.

De pronto algo parece interrumpir su descanso. Después de permanecer 3 días enteros en este sitio tan cómodo para él, la piedra que se encontraba obstruyendo la boca de la tumba del divino maestro empieza a moverse ligeramente. Es entonces, en ese preciso instante (en el que se empieza a mover la piedra) cuando la cuchilla, por una mano misteriosamente divina es liberada para que empiece su caída libre... la cuchilla ahora está en el viento, parte a su paso partículas de polvo. Va cayendo, la piedra se remueve, va cayendo, la piedra se mueve, va cayendo… Cristo de hecho no necesitará que la tumba se abriera, Él mismo puede en su cuerpo glorificado atravesar las paredes, pero… la piedra se ha removido, está fuera de la boca, la tumba ahora está expuesta ... en tanto que la cuchilla va cayendo... va cayendo... cayendo... cayendo... cayendo... hasta que ¡zas! ¡Jesús abre sus ojos!

La cuchilla desprende la cabeza del diablo instantáneamente. El plan maestro creado por Dios surge su efecto y en una fracción de segundo llega lo que debería de llegar en el tiempo preciso, no importaba que hubiesen pasado miles de años, la cuchilla cae en el tiempo exacto con aproximación de milésimas de segundo: El cumplimiento de la profecía dada directamente por Dios en Génesis 3:15 se cumplía por fin. Primero Satanás afligiendo y matando hombres y mujeres a su antojo. Corroyendo, amordazando, torturando, doliendo, arrastrando, apaleando, rastrillando, corrompiendo, maltratando, avejentando, pateando, escupiendo, desangrando, lapidando a la humanidad. La simiente de la mujer había sido lastimada muchas veces, la maldición dada por Dios era aprovechada por el diablo, pensaba que jamás se cumpliría la de él. Pero tenía que cumplirse, el reloj de Dios da la primera campanada, su sonido es agudo, rompe el silencio, rompe la quietud, rompe la expectación, siempre causa asombro. ¡Aleluya!

Satanás es vencido… pero su muerte no fue instantánea. ¡No puede ser! —dice Guillotiné—, el creador francés de la máquina— "mi máquina no puede fallar, nadie puede vivir sin cabeza…." ¡Nadie! Esto es aterrador, ¡no puede ser! si así fuera miles de hombres podrían andar por las calles con cabezas de muñecos que aparenten las que alguna vez tuvieron sobre el cuello.

La cabeza rueda y rueda. Da vueltas y más vueltas... y mientras rueda el enemigo de nuestras almas parece por fin volver en sí; parece despertar del letargo (como si fuese producto de algún fármaco adormilante). Se da cuenta del hecho: la misma muerte y resurrección de Cristo le dieron muerte eterna, era un plan, todo esto fue una estrategia divina. Ahora comprendía plenamente el pasaje de Génesis, por fin toma sentido el cuadro que parecía estar a su completo favor. Y mientras sus ojos giran dentro de sus órbitas a la vez que su cabeza toda rueda por la corta ladera contigua a la máquina infernal observa algo como figuras humanoides deformadas por la rapidez del giro: No está sólo. Lo que él creía una granja vieja y asolada en donde se encontraba la extraña máquina realmente es un sitio abierto en donde millones de ojos le observan. Ha sido vencido públicamente (Col.2:13-15). Es entonces cuando sus seguidores y él se llenan de temor. Gritan y corren sin un lugar a donde ir. Están acorralados.

Indefenso ya, el diablo grita con férrea desesperación: ¡He sido despojado! Su voz parece correr por los pasillos estrechísimos y lúgubres del infierno. Su voz desgarradora y desquebrajante causa eco en los abismos. Se da cuenta que ya no tiene el acta de los decretos con la que probaba el juicio de toda la humanidad. Ve estupefacto sus manos (las que están a más de 4 metros de distancia de sus ojos, los que aún se alojan dentro de su cabeza desprendida). Las ve con profundidad y se da cuenta: ¡ya no tiene las llaves de la muerte! De pronto, en una de las vueltas que da su cabeza al rodar, alza sus ojos a la cruz en donde por un instante creyó matar al Creador y sustentador de la vida, al Jesucristo de gloria; es entonces cuando observa que cerca del extremo máximo superior de la cruz se encuentra (y desde hace tres días clavada ya) el acta de los decretos que poseía. Entonces comprende. Realmente fue exhibido públicamente.

La sangre de Cristo aún está fresca y brilla con el sol. Se retuerce... No puede ver la sangre de Cristo. Ella es el símbolo vivo de su muerte. "Ahora lo comprende todo, el sacrificio perfecto de Cristo era para que el filo de la navaja se dejara libre y le degollara. Nada podía detener su caída, nada podía detener la resurrección de Cristo, la tumba no podía retenerle". Tiene que cerrar los ojos, tiene que alejarse de esa sangre lo más pronto posible.

¡Todavía no!

La cabeza rueda pero el cuerpo intenta levantarse y habla la cabeza: "todavía no... (Ef. 2:1-6, 1 Ts. 1:18) tengo algo de tiempo más para afligir al pueblo de Dios y facilitar el envío de almas al infierno". Al levantarse empieza a buscar palpando por todas partes hasta que trata de unir su cabeza a su cuerpo. Pero se da cuenta que es imposible. Ya no puede unir su cabeza a su cuello mutilado. Solamente puede estar ahí sobrepuesta, y las manchas de sangre y la grieta que delatan su degüelle son innegables. Realmente está vencido y no puede evitarlo.

Esta es la raíz del temor de satanás, en que sabe que su cabeza está ya cortada y no podrá nunca volverla a unir. Le teme a la sangre de Cristo. Le teme al nombre de Cristo. Le teme a los ungidos de Dios porque ellos le muestran la guillotina ensangrentada: Le recuerdan la muerte de Cristo en la Cruz del Calvario. Ellos cuando hablan le recuerdan la resurrección de Cristo de la tumba y el momento en que la navaja bien afilada va rompiendo el viento y reflejando y destellando los rayos del sol en un escenario público.

Así como los hijos de Dios están marcados con el Espíritu Santo así Satanás y sus secuaces están marcados por la derrota.

En la edad media a los ladrones se les ponía una marca en el hombro. Esta marca que se hacía con un hierro candente sacado de las brasas que tenía la forma de las letras V ó D ó GAL. V es la inicial de voleur (ladrón en francés) y las demás significan Desertor y Gallote (forzado que remaba en la galera). La marca de satanás está en la cabeza. Cristo le dio en la cabeza al diablo y su marca de Ladrón, de asesino y destructor están allí (Jn.10:10).

El problema es que aún está en operación. Está libre para engañar, confundir y destruir a todo ser humano sólo porque éste representa la imagen de Dios. Está marcado, está identificado, está custodiado, no escapará.

La lucha contra un demonio temeroso

Está muerto, pero aún está autorizado para trabajar en la tierra. Y la lucha que libramos contra él es a muerte. Es una lucha intensa que no admite tregua. Es una lucha continua contra nuestros propios deseos pecaminosos. Es una lucha contra el reino de las tinieblas cuerpo a cuerpo. En una lucha cuerpo a cuerpo hay sufrimiento, hay lloro, hay ocasiones en que parece que caeremos muertos en batalla, somos heridos, somos rasguñados, podremos perder alguno de nuestros miembros. Esto es posible, pero no caeremos si permanecemos en Cristo. La batalla no nos atemoriza. O puede atemorizarnos en los primeros instantes, pero el temor no nos inhibe; aunque sintamos temor nos arrojamos a la batalla, el temor a Dios es mayor, aplasta al primero, no lo deja sobrevivir y nosotros sentimos libertad y confianza. Sabemos que nuestro Señor es el Todopoderoso y que ha prometido jamás dejarnos. David dice que aunque las personas en la tierra que jamás lo dejarían, sus padres, le dieran la espalda, el bendito Pastor de su alma no le dejará, que con todo y sus faltas lo recogería. No hay otra escapatoria. Si no queremos luchar estamos ya derrotados, si estamos obligados a luchar ¿Porque no hacerlo con todo nuestro valor y entrega?

El enemigo libra una batalla con nosotros en nuestra mente,

nos susurra cosas al oído y su propósito es atemorizarnos. Jamás caigamos en su juego, porque mientras estemos en Cristo, el maligno no nos puede tocar (1 Jn. 5:18).

Pero no sólo el diablo tiene el sello de la derrota. Nosotros también tenemos un sello. El sello del Espíritu Santo que está en nuestro corazón y brilla de cuando en cuando en medio del campo de batalla para recordarnos que Cristo ya pagó el precio de nuestra victoria. No podemos desmayar ante la lucha. No podemos amedrentarnos. Los argumentos demoníacos no son válidos y nuestra labor es atemorizar a los demonios, los únicos requisitos para hacerle huir en pánico son someternos a Dios y resistir (Stg. 4:7). ¡Resistid, resistid, someteos a Dios, amigo mío! Resiste. Aguanta un poco más, recuerda a satanás su derrota. Recuerda al enemigo y la guillotina ensangrentada que está aún en la cumbre del monte en donde fue aplastada y cortada su cabeza. Porque el nombre de Cristo refresca la herida que nunca habrá de sanar. Su cuello está cortado para siempre.

El cristiano está destinado a luchar

Alguna vez escuché el argumento: "entre más busques a Dios más éste te atacará". Lo he meditado, he discurrido detenidamente en él. No encuentro en la Escritura que realmente sea así. Sólo encuentro que estamos luchando contra el reino de las tinieblas y que esta lucha no se termina sino hasta que dejemos de estar en esta tierra. Quien no lucha satanás le tiene derrotado y a su merced. Y más contundente aún, quien realmente hace daño al reino satánico es porque tiene las armas para mantenerle bajo sus pies y con esas mismas armas se defiende. Quién no tiene las armas para hacerle daño ¿acaso lo hará? y si no le hace daño, entonces (hablo como si el argumento fuera válido) ¿tendrá ánimo de atacarlo? Pues ni satanás ataca porque lo atacan, ni el cristiano deja de ser atacado sino ataca. Y entre más guerra yo le dé al diablo, más fuerte estaré para vencerle una y otra vez, y entre menos le ataque más vulnerable seré para ser atacado y vencido. ¿De qué se trata entonces? Si el argumento mencionado no es bíblico, de donde proviene. ¿Quiere alguien adivinarlo? Pues así es, el enemigo de nuestras almas, que odia a Jesucristo y la creación de Dios ha hecho surgir este argumento para atemorizarnos. El temor inhibe y paraliza, quien está atemorizado está perdido y ha caído ya sin luchar.

El temor del diablo nace de una experiencia y una sentencia. La experiencia de ver su cuerpo endeble y sin vida en el extremo posterior de la guillotina. La experiencia aterradora de verse indefenso y sin capacidad de acción. Se ve sujeto a nuevas cadenas. Las cadenas que no esperaba le atraparon y le sujetaron para siempre. Su temor nace también de una sentencia: Sabe acerca de su futuro que será derrotado completamente en breve, será atado y atormentado para no volver jamás.

Pero con la cabeza sobrepuesta, aplastada y desfigurada actúa para engañar a las naciones. El cristiano por ello libra una lucha diaria. Pero sus armas son las de los argumentos más sólidos:

Satanás fue derrotado por Cristo en la Cruz (esto es una estocada constante, la herida le lastima, nunca sanará) y la resurrección de Cristo completa la obra y da a todo cristiano fiel la esperanza bienaventurada de la vida eterna. La Escritura declara que pronto los enemigos de Cristo estarán bajo sus pies. Satanás escucha mencionar la sangre de Cristo: El símbolo de todo este acontecimiento tenebroso para él. Escucha mencionar la sangre de Cristo y ve como en visión al Cordero inmolado que se menciona en Apocalipsis 5 que marca el fin completo de toda la cadena de sus fechorías y que deshace por completo su figura y libertad. La sangre de Cristo le recuerda la profecía de su separación eterna de toda posibilidad de goce. Ahora satanás mismo está disfrutando del goce que Dios le otorga en medio de una libertad condicionada. Pero pronto será enviado a cárceles eternas. Jamás saldrá de allí. Aunque se le conceda un breve tiempo de libertad, tan sólo mil años, luego será enviado al lago de fuego donde permanecerá por todas las eternidades. Por otro lado los que han servido y luchado con Cristo y padecido todo oprobio (en cualquier grado en que éste se presentase, de acuerdo a los misteriosos designios de Dios) tendremos la dicha de estar en la presencia del Señor. Estaremos ahí y jamás saldremos de su protección (Ap. 3:12). He aquí los dos contrastes reales. Los elementos tendrán su justo lugar. Cristo vendrá a traer un orden perfecto a todo.

Un enemigo rabioso que se vence con una armadura

En su furia incontenible, como una bestia rabiosa el enemigo está ensañado con nosotros.

El cristiano se levanta de mañana. Aunque parezca incómodo el hijo de Dios durmió con la armadura puesta. La espada del Espíritu, la Biblia, está en su mente cuando el enemigo intente atacar, el cristiano armado está listo para hacerlo también. Su armadura era pesada al principio, pero poco a poco se fue acostumbrando a ella. Y a medida que se fue moviendo con ella ésta se fue adecuando a su cuerpo espiritual, parece encarnársele, como si la piel misma le sujetara. No puede quitársela mientras esté en guerra. Quitarse alguna de sus partes equivale a estar indefenso y a merced del enemigo. Y mientras trae puesta esta armadura no la utiliza como defensa solamente. Sino que lucha con todas sus partes. Hasta el yelmo de la salvación y la coraza de justicia que parecen ser instrumentos de defensa son utilizados para golpear al enemigo. En medio de la batalla el cristiano vigoroso lanza su cuerpo para estropear los planes del diablo. En su lucha causa heridas al enemigo. Con su cabeza da topes, con sus dientes muerde, con su pecho acorazado aplasta y con el escudo golpea mientras se protege de los dardos encendidos. Nunca está quieto. Estar quieto equivale a estar muerto ya. No luchar equivale a estar enfermo y moribundo. La carroña estaría entrando a través de su cuerpo. El cristiano no lucha con las armas de los impíos, sus armas son la verdad, el amor, la justicia. Su arma más poderosa es la oración, la conversación de confianza basada en la Palabra de Dios con su Padre celestial, el ayuno le da más fuerza.

Pero ya lo recomienda la palabra de Dios: tenemos que creer que satanás está vencido, porque esto es lo que vence al mundo.

Esto es lo que vence a nuestros enemigos en el reino de Dios: Nuestra fe. (1 Jn. 5:4)

Nuestra fe es el fundamento del terror de Satanás.

La sociedad actual vive en medio de una falacia. De una sucesión de historias irreales que flagelan su intelecto. La sociedad vive de la novedad. De una novedad distante que se asemeja a un cuento de hadas que no puede ver ni tocar. Y aún su capacidad imaginativa está corroída al borde del colapso. Pero, creo que los que leen entienden que lo que describo arriba aún y cuando tenga un estilo literario a la manera de lo que solemos escuchar y ver en la pantalla de un cine, está muy lejos de ser irreal. Es tan real que tiene el carácter de los hechos histórico-científicos.

Las verdades de la Biblia nacen de la fe en Jesucristo, el centro de la Palabra escrita. Y la fe en quien representa ese centro nace de una actitud del corazón que emerge del trono de poder de Dios.

Millones de personas han creído en el mensaje restaurador de Jesucristo. Médicos, obreros, abogados, ingenieros, psicólogos, campesinos, hombres de negocios, amas de casa, zapateros, políticos, etc., gente de todas las nacionalidades, etnias y lenguas han creído en este mensaje de amor. La gente cree en Cristo como creer en la ciencia porque nace de la misma fuente. De hechos reales y comprobados. Yo creo en la ciencia porque he visto y palpado su efectividad. Creo también en Jesús porque he visto y palpado su poder transformador de vidas. Este es un fundamento sólido. El apóstol Juan dice:

"Lo que era desde el principio, lo que hemos oído, lo que hemos contemplado, y palparon nuestra manos tocante al Verbo de vida... lo que hemos visto y oído esto también anunciamos...."
1 Jn. 1.1, 3a.

Todo nuestro sistema de creencias en el mundo (sociales, políticas, religiosas, económicas, culturales, etc.) tiene su propia raíz:

la fe. La fe (cosas que creemos son tangibles sin verlas aún) está presente en todo tipo de personas.

Es sorprendente y podría parecer hasta irracional la fe de los científicos. En ocasiones su fe se basa sólo en una observación aislada. Y esa fe puede ser tan poderosa que le impulsa a trabajar años y años en algo que en muchos casos resulta ser un completo absurdo, una verdadera locura.

Han existido y existen casos aún más enigmáticos en la mente de los hombres más sabios de la tierra: Que sus investigaciones no estén basadas en ninguna observación sino sólo en una idea, que como la ráfaga de una estrella fugaz, ha pasado por su mente. Esta idea puede estar exenta de la luz y de la sabiduría que nace de la observación. El método científico estricto es mutilado.

Fue este el caso de Kepler (uno de los hombres más geniales que ha tenido la humanidad) el cual se pasó años y más años tratando de comprobar que los planetas se movían circularmente basándose simplemente en una idea que surgió en algún lugar de su mente mientras impartía su aburrida clase de matemáticas ante unos jovencitos todos distraídos.

Kepler luchó y luchó sin éxito, hasta que se dio cuenta por fin que su idea no resultaría nunca ¡Oh desilusión! Su idea no tenía sentido, era completamente falsa. Lo más increíble del caso es que esa falsedad lo llevó a un segundo intento (ya con las observaciones en su mano y no sólo basado en la teoría matemática), y escribe en estos términos:

"¡Tonto!... una elipse... ¿por qué no lo había pensado antes? los planetas se mueven en una órbita elipsoidal..."

Todos en realidad tenemos fe. La fe que nos produce la ciencia nace de los hechos que ésta ha demostrado a la humanidad. La fe en Jesucristo nace asimismo de hechos comprobados. Hechos que la ciencia y la historia no pueden sino aceptar porque cumplen con el protocolo científico. El mensaje de la cruz, sin embargo, sigue siendo para muchos una verdadera locura y la locución merolica de fanfarrones (1 Co 2.14) pero sus marcas están ahí. Marcas indelebles que testifican de un poder extraordinario para sanar el alma y el cuerpo.

Nadie puede objetar ante los hechos; al escéptico vanidoso (porque el escepticismo y la vanidad van íntimamente ligados) no le queda más remedio que callar para no caer en el ridículo y su mente misma le ordena que no rompa los lineamientos que le hacen un ser racional.

Las realidades son las que fundamentan la ciencia. Lo tangible de una vida cambiada, de un enfermo sano o de un drogadicto que ahora repugna la droga son las que fundamentan la fe de muchos que han creído en el Jesucristo de la Biblia.

El temor de satanás es que veamos la luz de la locura de la predicación (1Co. 1:21) ya que de esta manera recibiremos sus beneficios. El dios de este siglo (el diablo) ha segado el entendimiento de muchos millones de personas para que no les resplandezca esta luz, aún y cuando pueden, como Juan, oír, ver y palpar. Aún la experiencia sensorial inequívoca de su presencia no pueden convencerles de que Cristo está vivo. ¿Acaso existe alguna otra prueba más convincente?

El temor del diablo está fundado también en esa realidad. Tenemos que aprovechar su temor. Tenemos que remover la herida insana del cuello del enemigo, tenemos que lastimarle con la sangre de Cristo y con el nombre bendito del Cordero Santo de Dios. Tenemos todos los argumentos para atemorizarle. El que antes infundía temor en el hombre y la mujer (He 2:15) ahora recibe un vaso de su propio chocolate, su temor está fundado en la realidad de su herida que aún sangra. Si aprovechamos su temor le podemos vencer. Porque un ejército temeroso es fácil de vencer.

Conclusiones:

1.-A menudo satanás atemoriza a los hijos de Dios haciéndoles creer que entre más buscan a Dios más dificultades tendrán con el reino de las tinieblas. Este argumento como muchos otros que el diablo utiliza con éxito en las mentes de algunos de los hijos de Dios hace que éstos no guerreen efectivamente contra él. Sin embargo, la verdad es que quien no guerrea contra el diablo tendrá aún más dificultades con él porque la vida cristiana consiste, no sólo en el goce de las bendiciones del Señor, sino también en una constante lucha contra los argumentos satánicos. De la victoria después de esa lucha consisten precisamente las bendiciones que el Señor otorga. Es nuestra fe la que triunfa. Por tanto al cristiano no le queda más remedio que luchar contantemente contra un enemigo que siempre está al asecho esperando que nuestra comunión con el Padre se debilite (1 P 5:8). Muchos otros pasajes confirman esto, el mismo Señor lo ordena: velad. Estad firmes y constantes. Esto es ser un soldado de Jesucristo.

2.- Más que defendernos de las asechanzas del diablo somos llamados a atacarlo y a arrebatar de sus garras las almas que por derecho son de Dios y que él ha usurpado con engaños. La Biblia nos enseña que nosotros podemos descansar en la justicia de Dios y en sus justos juicios. Aunque satanás ha usurpado las almas con artimañas del error, la justicia de Dios las traerá a su legítimo dueño: El señor Jesucristo, porque todas las cosas han sido creadas por Él y para Él (Col. 1:16).

3.- Satanás y sus demonios no son más que enemigos decapitados por la guillotina del poder inmenso de Dios que deambulan por un mundo que no les pertenece. Y este ejemplo del que me he valido nos sirve para entenderlo mejor. Pronto se abrirá para ellos un hoyo gigantesco que les tragará sin misericordia por todos los siglos. El temor del diablo es a ese día sin escape y a los siervos de Dios que se lo recuerdan al resistirlo en santidad con la sangre del Cordero articulada en las palabras de su boca; sangre estimadísima que sirve como el santo material de que están hechas las líneas del sello del Espíritu Santo sobre un corazón redimido al ser bautizado en el cuerpo del bendito Jesucristo. La sangre de Cristo está suspendida y viva. Es poderosa, sigue siendo efectiva para lavar los pecados de todos los seres humanos y protegernos del poder del enemigo. Nos cubrimos con la sangre de Jesús.

4.- Para que la vida cristiana realmente sea victoriosa necesitamos tener una fe poderosa. Así como la sociedad tiene fe en la ciencia, los hijos de Dios creen en la palabra de Dios porque hemos visto su gran poder. Nuestra fe es el terror de satanás porque es la que vence al mundo. Es la que hace que los planes y la voluntad del Señor se cumplan en la tierra y el cielo. Nosotros llegaremos al cielo mediante la fe y lograremos que el Señor cumpla el 100% de sus propósitos en nosotros mediante ella. El Señor otorga fe en la oración, la fe viene finalmente del trono. Viene de escuchar la voz de Dios ya sea a través de la Biblia misma, de un sermón o del momento que pasamos a solas con el Señor, cuando él nos habla al corazón.

Oración

Señor Dios todopoderoso. Creo que tu haz vencido al reino de las tinieblas y que esa victoria es mía. Gracias por morir por mí en la cruz, porque ahí tu clavaste el acta de los decretos que satanás tenía en mi contra y no tengo porque temer en lo absoluto. Señor, ayúdame porque estoy dispuesto a vivir una vida de santidad y derribar los argumentos del diablo en mi mente mediante tu palabra. Por favor, Señor Jesús, revísteme con toda la armadura de Dios de Efesios 6. Dame fuerza para resistir al diablo en tu poderoso nombre. Mi Dios, quiero cubrirme con tu sangre preciosa, me cubro ahora con la tremenda protección que tú das. Tus ejércitos se cuentan por millones de millones según Juan 5:11. Tú eres mi protección y mi fuerza. Te suplico también que me des la fe suficiente. Te ruego esto por Cristo Jesús mi Señor amado.
Amén.

CAPÍTULO 8

El Temor a la Sociedad

El miedo a la sociedad, el caso de Agripa

El miedo está presente en casi cada una de las ciudades de la tierra. La gente tiene temores diversos, en ocasiones de muy distinta raíz, sin embargo existe, aun un anhelo de seguridad. La seguridad y amor son los dos de los anhelos más profundos en la humanidad. Desde el más humilde, desde aquel que duerme en las calles hasta quien se transporta en limosina. Todo ser humano no sólo quiere sino que necesita tener seguridad. La pueden buscar en todos lados, pero la verdadera seguridad no está en ningún lugar de este mundo, ni siquiera podemos decir que sea simplemente un estado mental, la seguridad es una persona. Esa persona es Jesús.

Y los que temen sociabilizan. Como si temieran para sociabilizar, para que después, en medio de la sociedad, se pudieran sentir protegidos. Hay un anhelo de paz, todos nosotros fuimos creados para tener paz. Pero la verdadera paz no llegará hasta que el Príncipe de Paz aparezca, hasta que su principado sea fuerte en nosotros, en nuestro matrimonio, en nuestro hogar.

La ausencia de seguridad y de paz crea miedo. La sociedad de nuestros días, tiene tantos miedos como los que tuvieron las sociedades antiguas, aún y los esfuerzos humanos por alcanzar la seguridad y la paz. La Biblia dice que vendrán días —y de esto estamos a las puertas— cuando ese anhelo de paz y seguridad será visto como un antiguo deseo cumplido con el gobierno de un hombre nefasto descrito en Apocalipsis.

Pues bien, la sociedad tiene muchos miedos, pero uno de los más recalcitrantes es el temor a ser marginados y desechados por ella.

El hombre en todas las civilizaciones, por tanto, se aferra a su sociedad ideal a costa de lo que sea. Se sabe que en sociedades antiguas al hombre le era probada su valentía a través de ceremonias de iniciación en las que el iniciado era sometido a pruebas rigurosas que podrían incluir herir su propio cuerpo y hasta la amputación misma. Sin embargo, no le parecía tan valiosa la pérdida de alguno de los miembros de su cuerpo delante del espectro horrorizante del descrédito social. Quien no estaba de acuerdo al padecimiento físico era tenido como un ser despreciable objeto de constante burla y menoscabo. Aún hasta los más indigentes y débiles se reirían de él. Este temor era mayor al que producía la mortificación del cuerpo. Un miedo en conflicto de otro, el miedo del padecimiento físico y hasta de la amputación permanente contra el miedo de verse como un papanatas, inadaptado social y "miserable cobarde". El miedo vencedor subyuga al vencido y se obligaba a la acción en el sentido del miedo vencedor.

Siempre el miedo social ocupa uno de los primeros lugares entre los temores humanos. Lo mismo que sucedía en los tiempos antiguos sucede en nuestros días. Las formas son otras, el principio idéntico; la gente sigue teniendo miedo a su descrédito. Sólo basta echar un vistazo a las redes sociales de nuestros días para convencernos de esto. El miedo al descrédito y desaprobación pública crece como un roble frondoso a lo largo de la vida hasta convertirse en el mayor de los temores humanos. El miedo al ridículo bloqueará el miedo a contraer una enfermedad, a padecer angustia, a perder bienes, a malgastar el tiempo, a perder la vida física y hasta perder nuestra alma en el infierno.

Esto fue precisamente lo que sucedió con Agripa en el pasaje de Hechos 26. El rey Agripa conocía sobre la ley judía y entendió perfectamente el mensaje de Pablo. Pablo sabía que él conocía la ley (Hch. 26:3). Y lo mejor de todo fue que el rey Agripa no sólo entendió el mensaje del apóstol sino que Pablo, lleno del Espíritu Santo, pudo vislumbrar en él la suficiente fuerza para creer. Agripa realmente creyó. Cuando Pablo fijó en él los ojos vio en él una chispa de fe. Había escuchado el testimonio de Pablo, y éste no era ningún desconocido —como bien lo subraya en el versículo cuatro— sino que era un hombre muy conocido por todos y esto incluía al rey Agripa. Agripa conocía quien había sido Pablo; él conocía (aunque seguramente no al detalle) su vida pasada, que fue un ferviente y vigoroso perseguidor de la iglesia cristiana incipiente; que era un celoso fariseo que guardaba a pie juntillas las partes más minuciosas de la ley; que era un hombre sobresaliente en su religiosidad e inclusive, aún podría haber conocido acerca del martirio y muerte de Esteban y de la activa participación de Pablo en este hecho. Todo esto nos da claridad en cuando al profundo interés que Agripa tuvo en escuchar a Pablo cuando Festo le comentara el caso (Hch. 25:22).

Cuando llegó al lugar en donde se sentaría a escuchar al preso Pablo vino en compañía de Berenice con " mucha pompa". Agripa, realmente amaba el poder y las riquezas que el cargo le profería. En aquel entonces se idolatraba al estado y formar parte del gobierno Romano era el anhelo más profundo de cualquiera. Agripa lo había conseguido. Ese hombre tenía una alta estima de sí mismo al formar parte del muy selecto grupo de gobernantes designados por Augusto gracias a su astucia política. Ese era el logro más grande de toda su vida. Pero después de que Pablo habló, los ojos de Agripa se rodearon de ese humor humano al que llamamos "lágrimas", el Espíritu Santo actuó tan profundamente en él que quizá aún se le escapó alguna lágrima furtiva misma que se apresuró a enjugar con su manto; los antecedentes y los hechos que ahora estaban ante él habían quebrantado su corazón y el Espíritu de Dios habían hecho crecer para salvación la semilla del testimonio de poder de Pablo. Todo estaba listo para que Agripa aceptara a Cristo como el Señor de su corazón. Pero hubo en él un temor muy grande: el fantasma del miedo social hizo acto de presencia en el corazón de este hombre tan atado a la tierra, el miedo a perder su posición. Y ese fantasma no sólo se presentó sino que empieza a moverse desafiantemente cuando Festo dice: "estás loco Pablo" esto daba al temor de Agripa el carácter de terror. Decir que sí creía al evangelio y aceptar a ese Jesús ya muerto —en palabras de Festo— (Hch. 25:19), sería una verdadera locura. Él se convertiría automáticamente en el hazmerreír de Festo, de Berenice y del imperio Romano entero. Y el temor de Agripa le venció. El temor social para él fue más grande que el miedo a perder su alma. ¡Qué triste fue este suceso!

Las palabras "por poco" fueron claves. No sólo pretendían quedar bien con Pablo y hablaban de una creencia sincera sino que después podrían ser utilizadas para que ya en compañía de los demás de sus amigos sirvieran como punto central de su burla. Ya escucho a Agripa hablando en son de escarnio: "Ese pobre loco de Pablo, por poco y me convence, ja". Pero lo que realmente sucedía dentro del corazón de Agripa era un anhelo de cambio, un anhelo por dar el señorío de su corazón a ese Hombre que aunque murió realmente estaba vivo y había cambiado la vida de Pablo (quizá uno de los hombres más letrados e inteligentes que él haya conocido en su vida).

A Agripa le impresionaba grandemente la manera tan trascendental del cambio de Pablo. El conocía a los fariseos, él sabía que los fariseos no dejarían su religión ni aunque les torturaran. Agripa pudo palpar el poder de Dios. Cambió el sentido de su propio concepto de religión. Al escuchar a Pablo hablar de Jesús no pudo menos que creer en su corazón que aquello era verdadero. Ya no se trataba de una religión sino de creer y seguir al Jesucristo que predicaba Pablo.

El verdadero significado de seguir a Jesús

Lo anterior nos invita a pensar que seguir lo que nos prescribe una orden religiosa no es seguir a Cristo. Si así fuera los personajes que tuvieron un encuentro con el Salvador Jesús realmente no lo necesitaban, ya que muchos de ellos tenían una mente llena de raíces profundas de religión sembradas ahí desde pequeñines. Unas manos llenas de ritos religiosos y unos pies llenos de millas tras perseguir las reuniones religiosas de aquel entonces. Todo ello nos muestra que ser militante de una religión no basta. Podemos imaginar que quizá muchos de los fariseos de los tiempos de Cristo anhelaban desde la célula más honda de sus entrañas un encuentro personal con Él. Un encuentro espiritual, un encuentro de cambio de voluntades, de cambio de corazón, de emancipación sincera de su propia esclavitud de dentro de un mundo gobernado por el príncipe de las tinieblas. Pero era necesario en aquel entonces, como ahora, un renunciamiento que debía emerger desde el centro mismo de su voluntad.

El primer renunciamiento era a la sociedad. Ser seguidor de Cristo representaba ir en contra de la religión oficial (una religión nacional: el judaísmo). Porque el judaísmo, representado en las sectas de los fariseos, saduceos, herodianos, etcétera, no aceptaba a Cristo como el Mesías, mucho menos como el legítimo Hijo de Dios que descendió del cielo desde el trono contiguo al del Padre.

La Escritura nos cuenta de un joven rico que se acercó a Jesús, un joven que seguía a la perfección su religión (Mateo 19, Marcos 10) pero que no tuvo la valentía para seguir al Divino Maestro. Por otro lado tenemos a Nicodemo, un fariseo que obedecía minuciosamente los ritos de sus creencias religiosas (Juan 3) que sí le siguió. Por cierto todos los fariseos eran tan celosos y hasta tan sinceros en guardar la religión que el propio Saulo de Tarso (el que milagrosamente después se convertiría en el apóstol de los gentiles) era uno de ellos (Fil. 3:5). Pero la chapa de la vida eterna, de la entrada al cielo no se abre con una llave que diga: "Obediencia a mi religión". Se abre con una que diga: "Seguir a Cristo".

Hoy, seguir a Cristo sigue siendo igual. Es ir en contra de la corriente del mundo que solamente piensa en el dinero, en la fama y los placeres.

Seguir a Cristo es ser como Él es, imitarle. Es obedecer sus mandamientos (Jn. 14:15). Es no maldecir (Mt. 5:44), es no devolver mal por mal (Mt. 5:38,45), es hablar de él todo el tiempo ante los demás y en oración, es desear las cosas de arriba donde él está (Fil. 3:1), es leer y entender las Escrituras diariamente (Jn. 5:39); es andar como el anduvo (1 Jn. 2:6). Todo esto y mucho más es posible a raíz de un encuentro personal con él en conjunción con un verdadero y sincero anhelo por seguir sus pasos de santidad.

Santidad, la palabra que no conoce el mundo. Una palabra irrisible para muchos. Una palabra que reclama, que exige, que pide cuentas. Una palabra que habla mil de un solo golpe y que no se entiende hasta conocer al autor de ella. ¿Qué dice la Escritura? *"Sin Santidad nadie verá al Señor"* (He. 12:14). ¡Oh pecador, tan lejos estas del amor de Dios, más aun de su santidad! ¡Si el justo con dificultad se salva, donde quedarás tú! (1 P. 4:18).

Como el miedo social ocupa el lugar número uno de los miedos, la gente deja el temor a Dios en segundo plano. Antes está su "seguridad social", sus relaciones, sus amistades distinguidas, su posición (la que les ha costado tanto trabajo). El dios es la sociedad. Si la sociedad considera que el aborto es malo, también él o ella lo considera. Pero si opina que es bueno lo mismo será. Lo que diga la Biblia no importa. << Lo que diga Dios y la Biblia se llama "religión">>. Pero, ¡oh que error, mi amigo! la religión así es un invento humano para tratar de taparle la boca a Dios. Pero sabes que aunque no quieras oír lo que Dios dice a través de la Escritura Sagrada, de cualquier modo ésta será la base del juicio que Dios hará sobre ti en su presencia después de la muerte.

El temor a Dios debería ser un temor más grande que el temor a la sociedad. La Biblia dice que la sociedad nunca armonizará con el pensamiento de Dios. De hecho el sistema de la sociedad en su conjunto (la Biblia le llama mundo) camina en sentido inverso a como lo hacen los legítimos hijos de Dios (Stg. 4:4). Es interesante ¿No es así? El temor a Dios es un temor que constriñe, que obliga a seguir sus pasos, pero es un temor en amor. El reino del temor es substituido por el reino del amor. ¡Aleluya!

Pero dejar nuestra tan amada religión muerta (y sin poder de Dios) y nuestra tan querida sociedad requiere valor tremendo. Más, vale la pena, amigo mío. Ese valor salvará tu alma. No se pueden las dos cosas se tienen que elegir una de ellas. Es una lucha tremenda en nuestro interior.

Lucha interior por el Señorío de nuestra voluntad

Se puede vivir gobernado por el temor, estar condenado al infierno y sacrificar nuestra paz con Dios y nuestra seguridad eterna por un trozo de pan de temor todos los días con la esperanza ilusa de obtener un cacho miserable de progreso. Es una decisión personal. Es la más importante de nuestras decisiones. Necesitamos pesar a peso justo en la balanza de nuestra razón.

Cuando una persona está muy enredada en los negocios de esta vida experimenta un temor mayor a tener un encuentro personal con Cristo que aquel que no lo está tanto. La Biblia nos dice cómo es difícil que un rico entre al reino de los cielos (Mt. 19:24). ¿Por qué? Por el temor.

El temor al encuentro con los deseos más íntimos de su alma. Mientras que el espíritu dentro de él le aconseja y el mismo Espíritu Santo de Dios le reprende, dentro de su ser también se encuentra en una lucha de libertades; el espíritu de temor no le quiere dejar libre y frecuentemente es muy fuerte. Un anclaje total y férreo a la sociedad y los compromisos familiares, los lazos mundanos son muy fuertes. Su temor es tan grande que muestra sus garras y hace fuerza. Pero en el mismo pasaje nos dice Cristo: *"lo que es imposible para los hombres, posible es para Dios"* (Mt. 19:26).

Nunca trabajan más en conjunto el espíritu del hombre (el que anhela vivir de la mano con Cristo), con el Espíritu de Dios, y hacen fuerza para vencer al espíritu de esclavitud del temor.

El hombre, por tanto, tiene que actuar violentamente (Mt. 11:12). Tiene que superar los deseos superficiales, tiene que ir a la raíz, tiene que ir al fundamento de su ser completo y confrontar al espíritu de temor y decir: ¡no te seguiré más!, Ahora seguiré a Cristo. Esto es inolvidable y maravilloso.

Después cambia su sociedad —ya que la que le amaba cuando era un pecador ahora le desprecia— por otra en donde se encuentran personas que junto con él o ella han decidido seguir verdaderamente al Señor. ¿Qué sucede entonces?

El roce social inmediato

Los investigadores coinciden en que el roce social inhibe el miedo en las personas. A medida que hay roce social el ser humano siente que es parte de un grupo y tiene bienestar por ello; su deseo interno de vivir en comunidad es satisfecho.

Las personas que no creen que deban asistir a una congregación en donde se enseñe seriamente la Biblia no pueden permanecer porque sus temores les consumen. Primero sienten temor a ser rechazados por la sociedad mundana en que ya fueron aceptados y de la cual serían expulsados total o parcialmente al darse cuenta de su decisión. Porque quien ha decidido seguir a Cristo y vivir conforme a la palabra de Dios no ha decidido cambiar de religión, ha decidió terminar con el temor y ahora ser dirigido por el Espíritu Santo.

Quien inmediatamente no se reúne para adorar a Dios hace que su decisión de seguir a Cristo sea tan endeble como una hoja seca; hace crecer el temor que le llevará a continuar con su antigua vida y su bienestar social en el mundo, cosas que le serán a cambio del bienestar eterno de su alma y de la maravillosa experiencia de estar en la compañía de los santos en donde envía el Señor de ellos bendición y vida eterna (Salmo 133). En la compañía de los santos hay bendición, hay sanidad, hay paz. Esto es una realidad innegable.

¡Pero vaya que es necesario afirmar que el bienestar social no es eliminado con venir a Cristo! ¡Algo diferente a esto representa de nuevo una mentira satánica! Es de hecho todo lo contrario. Su nueva sociedad es humanamente mejor que la anterior. ¿Cuáles son los ideales humanos de ética? ¿No son los que la Biblia enseña? ¿Quién puede negar que los mejores libros de relaciones humanas y de bienestar social estén basados de alguna manera en los valores que la Escritura enseña? ¿Y quiénes pueden llevar esos valores a la práctica sino aquellos que tienen el Espíritu de Dios morando en su interior?

El pueblo de Dios está formado por seres humanos imperfectos, no es por su perfección que forman parte del cuerpo de Cristo sino por un sólo hecho, han creído en el Hijo de Dios, le han dejado reinar en sus corazones. La Biblia dice: *"todo aquel que invocare el nombre del Señor será salvo"* (Hch. 2.21).

Dice el Señor, que quien toma el arado y mira hacia atrás no es digno de él (Lc. 9:62) y aún se atrevió a decir que el que no dejara padre y madre por él (Mt. 10:37) no era digno de su amistad ¡qué decisión tan férrea! ¡Nuestro Señor Jesucristo es el hombre más radical de la historia!

Por lo cual, el que teme perder sus amistades porque ha decidido seguir a Cristo entra dentro de los cobardes que se mencionan en Apocalipsis que no heredarán el reino de Dios.

Del temor no podemos escapar, es un sentimiento humano que todos en algún momento experimentamos, no importa tanto temer sino cuál es el espíritu que impera en nuestro temor y qué o quién es el objeto de nuestro miedo. La Biblia llama cobardes a todos los que temen a algo o alguien más que a Dios. Si el temor a Dios está en el *"top"* entonces los demás temores son desdeñados por amor a Cristo. El amor a Cristo en armonía con el temor de Dios echa fuera todos los demás temores, ahora ellos son en realidad un juego de niños y nos obligan a la acción. Actuamos en fe porque el temor a Dios es mayor.

Pero si existen de cualquier manera esos temores encima del temor a Dios. ¿Cómo podemos vencerles?

El amor echa fuera el temor

Nos dice el apóstol Juan:

"En el amor no hay temor, sino que el perfecto amor echa fuera el temor; porque el temor lleva en sí castigo. De donde el que teme, no ha sido perfeccionado en el amor".

1Jn. 4:18

El amor y el temor son dos sentimientos que están en aposición. Si el amor es perfecto entonces el temor desaparece. No pueden cohabitar ambos sentimientos sin que uno sea el que domine. Cuando el amor domina se hace evidente la acción de amor que destruye los efectos del temor.

En muchas ocasiones el amor de una madre ha sido tal que no le ha importado tomar los riegos más audaces a fin del bienestar de sus hijos. El amor que hay en los enamorados, ¡cuán grande no será que el autor de Cantar de los Cantares, Salomón, le describe de la forma siguiente: *"las muchas aguas no podrán apagar el amor"!* (Cnt. 8:7).

Al ver las cataratas del Niágara en Canadá me pregunto si podría realmente construirse una estructura tan fuerte, tan rígida, tan estable y duradera como para poder retener el flujo de las aguas de las cataratas. ¿Podrá realizarse una obra tan grande que pueda soportar los millones de toneladas de fuerza que tiene tan grande caudal? Pues esa masa de agua tan grande nos enseña al menos tres cosas: La impotencia del hombre ante la fuerza de la naturaleza. La potencia de Dios y su voz en la frase: *"... su voz como estruendo de muchas aguas"* (Ap. 1:15) y; la fuerza del amor.

La fuerza del amor es la que impulsó a Dios a enviar a su Hijo para que se humillara como nadie jamás en toda la historia de la vida. La fuerza del amor es la que hizo que ese Jesús, el Hijo de Dios, se ofreciera voluntariamente por un ser humano putrefacto, sucio, ínfimo y ruin como yo. La fuerza del amor hizo que el Cristo encarnado sintiera compasión y sanara a los enfermos, que expeliera libertad para los endemoniados y que emanara de Él vida para resucitar a los muertos. La fuerza del amor hace que la gente que recibe el amor de Dios ame hasta sus peores enemigos.

En alguna ocasión escuché la historia de una conferencista judía que estuvo en los campos de concentración Nazi. Cuando ésta mujer cristiana que predicaba el perdón estaba dictando una conferencia en cierta ciudad europea, un hombre de gran rareza le clava la vista y con prontitud empieza a aproximarse hacia ella cuando termina su exposición. A medida que se acercaba, la vista de la mujer judía se iba aclarando y su rostro le era cada vez más familiar. Cuando estuvo lo suficientemente cerca pudo reconocerle: era uno de los que la había torturado mientras pasaba las más terribles penurias en el campo de concentración. A su mente, de inmediato, empezaron a desfilar uno a uno los acontecimientos que eran la raíz de sus inmensos dolores. El hombre no dejó de acercare hasta que, con una sonrisa que no se podría definir si era sarcástica o sincera, le extiende la mano. La fuerza del amor parecía debilitarse y hasta desplomarse. ¿Cómo podría ella perdonar a un hombre, que siendo tan depravado, no le había importado golpear, tortura, violar y hasta asesinar a sus víctimas? ¿Cómo ella podría perdonar al instrumento de satanás para uno de los más siniestros propósitos jamás vistos en contra del pueblo de Dios? Después de un par de segundos, en donde fluyeron más pensamientos que en la conferencia misma, nuestra heroína recordó las palabras de amor del bendito Salvador que martilleaban su mente diciendo: *"Si no perdonas a los hombres sus ofensas tampoco mi Padre te perdonará"*. ¡Qué lucha interior tan fuerte! ¡Qué lucha tan violenta! Finalmente la Palabra de Cristo fue más fuerte y fue capaz de estrechar su mano y decirle: "te perdono de todo corazón", —Realmente lo hice— nos decía.

El amor, cuando se tiene, es una fuerza tan grande que hace que hagamos las cosas más insospechadas. El amor traducido en una pasión, que es sufrir, es tan fuerte, que no importa padecer, no importa ser herido, no importa exponer la vida y hasta morir. Miles de historias que generan héroes, heroínas y mártires se pueden narrar al respecto. Todos ellos hombres que han sentido miedo, sin embargo su amor ha sido tan grande que ha vencido hasta las más humillantes intimidaciones.

San Ignacio de Antioquía, uno de los fieles discípulos del apóstol Juan estaba frente a frente con el Emperador Romano. Éste último, indignado porque Ignacio no había cumplido su edicto de adorar a sus dioses, le presionaba duramente para tratar de reconvenirle a arrojar de su corazón su fe evangélica y no sólo de su propio corazón sino, a la vez, la intención imperial era tratar de seducir a Ignacio para que éste disuadiera a los fieles que con tanta pasión pastoreaba nuestro héroe.

El emperador al verle le tacha de demonio, de disidente, de traidor, de ateo (por adorar a un sólo Dios), y de ridículo al oír que Ignacio afirmaba que ese Jesús, al que Poncio Pilato había condenado a muerte, moraba en su propio corazón.

Después de un diálogo desafiante de parte del Emperador y del Espíritu por parte de Ignacio, la sentencia fue dictada tan burlesca y a tono con Trajano mismo:

"Ordenamos que Ignacio, que afirma llevar consigo a un crucificado, sea preso y conducido a Roma para que sirva de espectáculo al pueblo y de alimento a las fieras".

El amor a su salvador Jesucristo, tan "enconado" en la sangre de Ignacio aplastó al temor que de su humanidad seguramente en un instante nació y dijo:

"Te doy gracias, Señor, porque has querido honrarme de un *perfecto* amor hacia Ti, y de permitirme como tu apóstol Pablo, sea yo atado con férreas cadenas".[16]

El Espíritu de Dios hace que amemos. La comunión con él en oración hace que el amor y compasión de Cristo por medio de su Espíritu se perfeccionen cada vez más y somos capaces de hacer cosas cada vez mayores gracias a un mayor amor por él y por lo que Él ama: las almas. Todo es por su Espíritu. Por lo que produce el Espíritu de Dios. No es por nuestra capacidad de amar, ni por nuestro corazón, ni por el tiempo que pasamos en oración sincera. Siempre será por su Espíritu Santo. Porque por su voluntad son todas las cosas. Y él y solo él es quien merece la gloria de todo. Amén.

¿Y dónde podemos encontrar ese amor? Cristo dijo: *"En esto conocerán que sois mis discípulos en que os amáis unos a otros"* (Jn. 13:35). Por lo que el verdadero amor humano se encuentra en la compañía de los discípulos de Dios: en la congregación de los santos. Cuando tenemos ese perfecto amor no sólo estamos dispuestos a congregarnos en una iglesia en donde se tenga la Biblia como la norma de fe y de conducta para todo sino que ese mismo amor nos impulsa, como sucedió en el caso de Pablo a hablar de él aún ante la gente más prominente y "pomposa" de nuestra sociedad.

Conclusiones:

1.-Uno de los temores que más víctimas cobra es el temor a la sociedad. Se sabe de sociedades que aprovechaban este temor para obligar a sus integrantes a hacer cosas inimaginables para ser aceptados por ellas. Entre estas cosas existían casos de hasta la amputación de los propios miembros de su cuerpo.

Los hombres tienen más miedo a la sociedad, incluso que a la misma muerte. ¿Qué pasaría si nos basáramos en el pasaje de Jueces 7 para deducir el porcentaje de hombres que en la guerra tenían miedo? Helo aquí: un 67% de los guerreros que participan en las guerras tiene miedo y que de presentársele la oportunidad desertarían y sólo un 1% son realmente valientes, por lo que podríamos pensar que la mayoría de quienes iban a la guerra lo hacían por miedo al repudio de la sociedad. ¿De este descubrimiento pudo haberse obtenido la idea de designar a un jefe por cada cien elementos, los centuriones del ejército Romano?

2.-Este temor pudiere ser tan fuerte que el hombre estará regularmente dispuesto aún a perder eternamente su alma en el infierno con tal de agradar a la sociedad y no ser expulsados física y/o psicológicamente por ella. El caso que se mencionó fue el de Agripa quien, aunque convencido y hasta creyente de las palabras convincentes de Pablo —que hablaba bajo la inspiración del Espíritu—, tuvo temor a la burla del sistema romano, temor a perder su posición y todas sus amistades entre la alta sociedad incluyendo la del emperador Augusto; temor que le hizo tomar la poca prudente decisión de no aceptar a Jesucristo en su corazón. Esa fue muy seguramente la única oportunidad de su vida de aceptarle.

Oración

Señor reitero mi pacto de lealtad a Ti encima de todo lo demás. Mi vida te pertenece a Ti. Ayúdame a no ser dominado por ningún temor humano sino por el temor a Ti. Renuncio a todo aquello en el sistema del mundo que está fuera de tu palabra, todo lo que tú no apruebas y abrazo tu amor. Lo más preciado para mí en el mundo es tu amor y de él no quiero apartarme jamás. Tu palabra dice que los que se avergüenzan de ti ante los hombres tú les apartas de ti. Jamás suceda tal cosa conmigo. Quiero seguirte hasta el final, no importa si todos los hombres y mujeres del mundo me volvieran la espalda. Oro también por tu gente tan preciosa y tan amada, la iglesia, por los que padecen persecución en el mundo y por todos los que sufren por Ti. Ayúdame a estar siempre dispuesto a dar mi vida por Ti porque eso es ser un verdadero discípulo tuyo. Oro en el nombre de Jesús.
Amén.

CAPÍTULO 9

El temor y la ignorancia

El reino del conocimiento

El conocimiento es como una luz incandescente en nuestro entendimiento. Por ello los espíritus instruidos buscan partir de una plataforma de mucho conocimiento para que a través de la sensibilidad de su aplicación se les otorgue el carácter de sabios.

Para un nacido de nuevo la base y el fundamento de su pensamiento es la Palabra de Dios, La Biblia; aunque no es inútil ni desdeñable procurar también todo el conocimiento extra bíblico que concuerde con ella.

La ciencia, entre otras cosas importantes, es útil para estar libre de prejuicios y suposiciones sin fundamento.

Antes de que la ciencia estuviera tan avanzada como ahora se tomaban como mágicos algunos acontecimientos que ahora se pueden describir con lujo de detalles por las conclusiones científicas. Dios es un Dios de ciencia (Sal. 94:10). Él creó la ciencia y la ciencia está para cumplir los planes de Dios, aún la ciencia que se utiliza para fines maléficos, que es una distorsión de la ciencia pura la cual debe contribuir en el bienestar de la humanidad y aportar explicaciones útiles para su aplicación en el avance tecnológico, de alguna manera está en el plan de Dios para que finalmente se produzca lo que se describe en las profecías. Esto no quiere decir que Dios esté de acuerdo en que haya maldad y muerte en el mundo, sino que a causa del pecado el mundo se ha pervertido y Dios, sabiendo esto de antemano, ha permitido el avance paralelo de esta ciencia distorsionada y apartada de los ideales humanos con el fin de que contribuya en su plan global de salvación de la humanidad. La cizaña crece palmo a palmo con el trigo, el pecado abunda, sobreabunda la gracia de Dios para salvación de los que no le conocen (Ro. 5:20).

Las profecías tienen que cumplirse, pero los hombres y mujeres que sean protagonistas en la escena real del cumplimiento de este tipo de profecías (las que tienen que ver con la maldad en el mundo) tienen el juicio de Dios sobre sus cabezas. La poderosa mano de Dios está sobre ellos para mal, el juicio vendrá, no escaparán, a menos que se acerquen a su trono de misericordia.

En la edad media, cuando la Biblia estaba reservada únicamente para los clérigos más prominentes de aquel entonces, la gente estaba a merced de todo tipo de supersticiones, fetiche, amuletos, sortilegios, conjuros etc. y el temor a lo oculto y extrahumano estaba a la orden del día. Aún Galileo, el gran científico que aportó ideas importantes a la astronomía moderna era tachado de brujo y satánico. Pero desaparecido esto, la sociedad en su conjunto ha sufrido una irreconocible transformación en su intelecto y comportamiento todo. Ahora la ciencia está entronizada.

Se cumple el pasaje de Isaías 33:6:
"Y reinarán en tus tiempos la sabiduría y la ciencia..." (ver también Daniel 12:4).

Pero el conocimiento humano *per se* no ha satisfecho plenamente al hombre. ¿Por qué?

Aún y cuando el avance intelectual es mucho, el hombre no deja de ser un ser espiritual. El ser humano es un ser indefectiblemente espiritual. Es una criatura creada por Dios para atraerla a Él mismo mediante el espíritu que está dentro de sí. Tenemos que partir de este conocimiento.

El hombre al ser una criatura espiritual necesita de Dios y necesita tener el conocimiento de él. Este es el propósito máximo de las Escrituras, para eso vino Cristo, por ello murió en ese sucio madero, por ello resucitó con gran esplendor, por ello está sentado a la diestra de Dios intercediendo por los que han decido servirle y obedecerle, por ello fue enviado el Espíritu Santo que permanece con nosotros y está en nosotros.

Cristo es la puerta del conocimiento de Dios, Cristo es el que intermedia en el entendimiento de Él, Cristo es el que nos ayuda a comprender su maravilloso plan y el Espíritu Santo nos ayuda en nuestras debilidades, nos da poder para vencer al enemigo, nos da denuedo para evangelizar, nos mantiene en conexión con Dios y refresca permanentemente las palabras de Cristo para que podamos luchar con ventaja contra el diablo.

Después de que hemos pasado por el umbral del conocimiento de Dios tenemos que ser liberados de muchos de nuestros temores mediante la fe y del avance del conocimiento de Él. ¿Cómo vamos a encontrar ese conocimiento? Por medio de la meditación y comprensión de su Palabra, por medio de la experiencia de las batallas espirituales.

Cuando Cristo es llevado por el diablo al desierto nos dice la Biblia (compárense los pasajes de Mateo 4, Lucas 4 y Marcos 1) que fue tentado por el diablo. El diablo no le llevó al desierto, sino el Espíritu de Dios. ¿Porque le llevó el Espíritu? Porque es necesario que todos seamos tentados.

El diablo, el engañador de la humanidad ahora tienta al mismo Hijo de Dios durante los cuarenta días de su ayuno, no solamente al final del ayuno sino que la Biblia dice que era tentado también durante el ayuno (Lc. 4:2). Al término de éste, como si fuese la última gran prueba, Cristo debería soportar, en un estado de completa debilidad física, en un estado tan enfermizo como el mismo borde de la muerte, una batalla intensa con el general de las fuerzas del reino de las tinieblas.

Esta fue una batalla en la que no interviene ningún tipo de arma física, ni ningún poder que consistiera en fuerza o en rayos o en energía, esta fue, como todas las que libra el cristiano diariamente, una guerra de argumentos. Es una guerra de conocimiento. El conocimiento en su máxima expresión: el sabio según Dios, contra el sabio según el reino satánico. Una batalla en donde habría de prevalecer el verdadero conocimiento contra la mentira disfrazada de verdad.

Satanás ha logrado una vez más, en medio de un siglo de la abundancia de salvación y de ciencia, engañar a la sociedad haciéndole creer que no necesita el arma que utilizó Cristo. Aún los cristianos de hoy no leen con frecuencia las Escrituras, no las estudian con profundidad, la mayoría desconoce en la práctica el verdadero significado de la palabra escudriñar. Todo es tan superficial y tan vano, hay una vehemencia por buscar lo material, el pan con el que fue tentado Cristo. Y es cuando el temor asalta.

Estrategias inútiles para abatir el miedo

Cuando el miedo asalta a la gente, éstas adoptan diferentes "estrategias" para abatirlo. Hay quienes por ejemplo, para aquietarlo, le ignoran.

Ignorar la existencia del temor es el primero de los recursos utilizados para caer en la falacia de que sus efectos serán invalidados. Es un recurso temporal que sirve para crear cierto estado de libertad, una libertad que termina por ser ficticia. Y es sólo un rictus en nuestros labios, un sol de veraneo en la azotea de uno de los polos del planeta; ¿está eliminado de raíz el problema? Una raíz que tiene que desraizarse, destruirse, quemarse, aniquilarse por completo, sin exiguo de que alguna vez existió. La raíz está en desconocer las Escrituras y desconocer al Cristo presentado por ellas, el Cristo a través del cual proceden todas las cosas buenas.

Hay otros que intentan cubrir el temor mediante fiestas y convites, máscaras que cubren al temor, matices dadas por un barniz de estabilidad, cuando en realidad el temor ha prevalecido. Los temerosos se juntan para sentirse por un momento seguros en medio de sus propios temores; encuentran en la colectividad una buena razón para seguir como están, ven que la sociedad tiene sus mismos problemas de soledad y frustración. Por tanto concluyen que lo que les sucede es algo normal, algo que todo individuo padece. Todo el mundo, así lo consideran, todos padecen del mismo síndrome de angustia y de miedo.

La angustia, ¿algo inherente al hombre?

El concepto de la angustia es considerado por la ciencia moderna como una característica inherente al ser humano[19]. Estoy de acuerdo en que existan las condiciones innatas para que la angustia crezca y "florezca". No lo estoy en que no se pueda vivir sin ella.

Creo enfáticamente que padecer la angustia es algo realmente innecesario. La angustia bajo este concepto es el temor a todo o a nada. O más bien a todo, según la perspectiva de A. Heller[20], quien explica que no puede ser que nazca ansiedad de la nada, sino más bien la mente es estimulada por elementos desconocidos. Difiero desde el hecho de que bajo la influencia maligna de un mundo espiritual se puede temer a nada. Bajo el arrastre de la corriente que lidera satanás, príncipe de la potestad del aire, el hombre se somete a su voluntad y reacciona según la obediencia de su mente a sus mentiras. Digo que es innecesario estar angustiado porque se puede eliminar ese sentimiento eliminando su raíz. La raíz es el angustiador, el que opera en los hijos de desobediencia, el cual se puede desenmascarar mediante la Palabra de Dios y así desarticular sus operaciones. Cuando se cree a Dios y se rechaza la mentira disfrazada de verdad emitida por satanás, estamos secando la raíz de la ansiedad. El problema cósmico por excelencia. Y es un problema cósmico porque el cosmos, el mundo entero está bajo el maligno (1Jn.5:19).

Debemos recordar que tenemos una lucha bajo tres agentes dañinos para nuestra vida espiritual y también la carne y el mundo se vencen mediante la fe en la Palabra de Dios y la acción del Espíritu Santo que actúa para cumplir su propia palabra. Dios actúa por amor al Hijo, al pecador, a su pueblo (la iglesia) y por amor a él mismo, en cumplimiento a su propia Palabra.

La angustia es un estado de frustración que produce un temor aún en embrión al no existir conocimiento de su propia raíz. No habrá temor sino angustia en el corazón humano hasta que llegue el objeto de los temores escondidos bajo su angustia, entonces la angustia daría paso al temor.

Muchos de los temores del hombre están en la gestación de la angustia, saben que algo anda mal en sus vidas pero no saben realmente donde está la fuente del problema. Mucho menos saben la solución.

Cuando se identifica cual es el problema, entonces el corazón del hombre teme y aunque surge cierto alivio por saber la verdadera fuente de su angustia ahora tiene temor porque aún no obtiene el objeto de su seguridad. La seguridad nos la da el conocimiento.

Cuando el hombre ha descubierto qué es lo que teme puede darse el caso de que se trate de una fobia.

Las fobias

Cuando se ha descubierto la fuente del temor algunos actúan de manera inversa para vencerle. Si descubren que tienen miedo a las alturas se enlistan en un club de paracaidistas. Si tienen miedo a las ratas podrían encerrarse con una de ellas en un cuarto para después cocinarla y comerla. Aunque parezca extraño, esto es efectivo en algunos casos. Si esto es así, ¿por qué no nos enfrentamos con el Cristo que provocó y mantiene la eternidad para que, sin discurrir tanto en el tema, erradiquemos el miedo a esa eternidad que tanto ha provocado aumentar el ritmo de nuestro corazón que desfallece? Sin cavilar innecesariamente: Entre más férrea sea la decisión, más será la sanidad. Entre más atrevida sea la acción, más erradicado estará de nuestra vida. Bajo esta premisa entonces temer a los espíritus malos implicaría enfrentarse a ellos y es obvio que esto no es lo correcto. Por cierto, para quien aún no ha rendido su corazón a Cristo acercase al reino satánico implica mayor atadura. Enfatizo, esto digo para los que aún no vienen al Señor, porque un cristiano que tiene miedo a los demonios debe armarse de los argumentos de Dios contenidos en su palabra y enfrentarse a ellos con toda autoridad. De hecho quien no se enfrenta diariamente al reino de las tinieblas de alguna manera, no podría ser un cristiano verdadero. Porque quien permanece en Cristo es muchas veces atacado por el diablo de distintas maneras ¿no es cierto?

Pero hay miedos natos, hay otros adquiridos por el ambiente en que hemos crecido, hay miedos sugeridos por los demonios.

Las llamadas fobias son consideradas como patologías o anormalidades humanas. Son miedos particulares a cosas o animales que en realidad no tiene por qué temérseles. Estas fobias pueden estar vinculadas con acontecimientos en la niñez o bien con la presencia de espíritus malos que han hecho presa del individuo.

Las fobias a las que hago alusión son tantas que los investigadores han establecido al menos 200 diferentes, desde bacilofobia (miedo a los microbios) hasta ereutofobia (miedo a ruborizarse). Pero Freud tuvo la sensibilidad para catalogar todas ellas bajo rublos de fobias que provenían de una misma esencia. Pierre Mannoni[2], basado en esta idea Freudiana y en los trabajos de grupos, categorizó las fobias en varios segmentos generales: Fobias al espacio (en donde concluye que son un 60% de los casos); miedos sociales (más raros con un 6%, aquí entran todas las personas que siente pánico con la presencia de la multitud, y aún de las miradas de los demás. El que padece esta anormalidad jamás tendría la capacidad de hablar en público); miedos a los animales (desde a las alimañas hasta los que para casi cualquier persona son completamente adorables), y; miedo a los fenómenos naturales.

Todas estas fobias no tienen por qué estar en un cristiano, sea la raíz que sea, ¡Cristo nos ha hecho libres de la esclavitud del temor! No tenemos porqué ceder un terreno al enemigo que realmente es nuestro.

La solución definitiva a todos estos temores y a la angustia es el continuo estudio de la verdad contenida en la Escritura. Aunque alguien podría decir. ¿Cómo voy a estudiar la Palabra de Dios si no la entiendo?

Para un no-cristiano la verdad de la Escritura es locura

Sucede el caso, que alguna vez en la vida hemos visto en otros o aún nosotros mismos, de la sombra que proyecta un animal u objeto agigantándose por el efecto dado debido a su proyección. En tal caso, surge dentro de nosotros, sobretodo en un ambiente que le propicie, un temor que prevalece hasta que no nos damos cuenta de que se trata de algo completamente inofensivo. Eso es también, por cierto, un temor innato en el hombre. Los bebés reaccionan ante las sombras que se van agigantando.

Así es el conocimiento, cuando está vedado los problemas prevalecen. Todo cristiano debe buscar el conocimiento porque él le librará de muchos temores. Y no hablo de conocimiento humano solamente, que sí es muy provechoso, sino del conocimiento de la Palabra de Dios. Pero hay un candado natural. No se puede conocer la verdad de las Escrituras sin antes conocer al autor de ellas. El apóstol Pablo, inspirado por el Espíritu Santo escribe:

"Pero el hombre natural no percibe las cosas que son del Espíritu de Dios, porque para él son locura y no las puede discernir espiritualmente"

1 Co. 2:14

Aquí la Biblia nos afirma que la Palabra de Dios en forma natural no se puede entender, su entendimiento no es meramente una comprensión intelectual. Para todos se parte de que el hombre y la mujer por nacer con una naturaleza pecaminosa, por el pecado que separa al ser humano de Dios, no puede comprender el significado de las ideas Escriturales. Se necesita una intervención extrahumana, la intervención del Espíritu de Dios para que el hombre y la mujer puedan entender. De otra manera les parece locura. Los conceptos bíblicos les parecen una filosofía más dentro de las que abundan en el mundo, una filosofía impráctica para cualquier persona normal de esta generación. Pero quien tiene el Espíritu de Dios, en quien ha sido encendida la llama del Espíritu, esta llama es una luz que alumbra el libro Sagrado para que pueda leer en su corazón cada una de sus letras y su entendimiento jamás se quedará estéril.

El conocimiento de la Palabra de Dios es la raíz de toda ciencia que colabora en el bienestar de la humanidad.

La ciencia y la Palabra de Dios

Cuando hablo de ciencia, hablo de la ciencia que nace, crece, se reproduce y muere en el seno de la aplicación estricta del método científico y el método histórico descartando cualquier otro brote que no se identifique bajo esa luz, a lo cual llamo, como también la comunidad científica de prestigio mundial lo hace, seudo-ciencia.

El conocimiento de las promesas de Dios contenidas en la Escritura nos da las armas que podemos utilizar. Pero el conocimiento de las Escrituras es como el mana, se tiene que recoger diariamente, como una espada que se tiene que afilar todos los días. Un leñador afila su hacha a diario sino quiere tener problemas para dominar los troncos que tiene a su paso ese día. Como leñadores de los argumentos satánicos, debemos afilar todos los días nuestra hacha que es el conocimiento y entendimiento de la Palabra de Dios. Si sabemos nuestros derechos y cumplimos con nuestras responsabilidades tenemos el poder de Dios en nuestra memoria para utilizarlo constantemente. Y digo constantemente porque la vida cristiana es una lucha perenne en nuestra mente, el campo de batalla del diablo. Si éste logra convencernos de sus argumentos lo hará porque no sabemos o no recordamos la palabra de Dios. Nadie puede sentirse seguro sin el conocimiento fresco de la Escritura. Cuando alguien no escudriña y estudia la Biblia constantemente, ya ha sido engañado sin lucha aparente. Su evangelio se hace vano y su fe desmaya de manera automática. Nadie es inmune. Si la espada no está afilada y nuestro escudo en guardia y revestido seremos presa del enemigo sin darnos cuenta. Después es difícil salir de nuestro error porque hemos creído los argumentos del diablo tanto que se parecen a la Biblia y tienen cierto sabor a verdad, pero no lo son. Esa es la característica de la mentira del diablo, un poco de verdad, un poco de dulzura, un poco de chocolate, un poco de miel, un poco de sabor, pero sólo es una hiel cubierta con caramelo.

Y esas verdades incompletas tienen que ver mayormente con nuestra propia identidad.

El conocimiento de mi identidad

El temor hace presa de nosotros cuando desconocemos nuestra identidad ante Dios. ¿Por qué habremos de obedecer al diablo si sabemos que somos hijos de Dios (Jn. 1:12); que fuimos sellados con el espíritu Santo (Ef. 1:13); que nos fueron dadas las arras del Espíritu (En señal de que somos la esposa del Cordero) (Ef. 1:14); que somos real sacerdocio, nación santa y pueblo escogido por Dios para anunciar a Cristo (1 P. 2:9) ; que somos benditos con toda bendición espiritual en los lugares celestiales en Cristo Jesús (Ef. 1); que fuimos sentados en los lugares celestiales con Cristo (Ef.1); que somos abogados por Cristo (1 Jn. 2:1) y por el Espíritu Santo (Ro. 8:34); que somos herederos de Dios y coherederos con Cristo si padecemos con él (Ro. 8:17); que fuimos bendecidos con toda sabiduría e inteligencia espiritual (Col. 1.9); que somos propiedad de Dios (Ro. 14:8); que somos participantes de los sufrimientos de Cristo (Fil. 3:10); que tenemos la autoridad de Dios para destrucción de las fortalezas del diablo (2 Co. 10:4); que somos edificados sobre la roca eterna de los siglos que es Cristo (Hch. 2:7,Is 28:16); que permanecemos en completa paz (Is. 26:3); que somos el sabor de la tierra (Mt. 5:13) y luz de este mundo (Mt. 5:14); que somos amados y conocidos de Dios (Jn.10:14); que tenemos vida eterna mediante la fe en Cristo (Jn. 3:36); que fuimos sanos de toda enfermedad por la llaga de Cristo (Is. 53:5); que tenemos potestad para hollar serpientes y escorpiones (Lc. 10:19)? … la lista es interminable…. eso es lo que somos pero lo somos si permanecemos en su amor. No basta conocer la palabra sino practicar el amor, que es la Palabra de Dios en acción, es la médula de la Palabra, es el Espíritu de las Escrituras. Amar a Dios es guardar sus mandamientos (Jn. 14.15).

Quien conoce sus derechos sabe que tiene que cumplir con sus obligaciones. Hacer valer sus derechos es tan importante como cumplir con sus obligaciones. Esto nos hace tener seguridad. Si desconocemos nuestros derechos seremos presa del temor por desconocerlos. Si conocemos nuestras obligaciones y no las cumplimos somos presa del temor por las consecuencias del quebrantamiento. Las consecuencias del pecado consciente son muy aterradoras.

El conocimiento nos libra del temor. Mientras el hombre se ha librado de muchos temores por causa del conocimiento científico, muchos otros suelen permanecer porque no es el simple conocimiento científico el que nos libera completamente del espíritu de temor. Los temores son otros, la ignorancia es distinta.

El conocimiento vence el temor

Pero cuando una persona conoce las Escrituras puede resistir al diablo. Aún los no-cristianos pueden escapar de ser manipulados por los demonios si tienen algo de conocimiento de la Escritura al saber que el diablo realmente no puede dominarles si ellos no quieren. La gran diferencia estriba en que no pueden hacer más que salvar su propia vida de ser manipulada pero jamás podrán hacer que el reino de las tinieblas les sea sujeto porque no tienen la investidura de Dios. No tienen la autoridad de Dios y sucedería lo que lo que a los hijos de Esceva (Hch. 19:13-18). Los Hijos de Esceva, utilizando un poder influenciado por el reino de las tinieblas, trataron de expulsar los demonios de un sujeto con el "conjuro" del nombre de Cristo. Entonces el Espíritu malo les dice: "A Jesús conozco, y sé quién es Pablo; pero vosotros ¿quiénes sois?" E inmediatamente se abalanza el hombre poseído contra ellos con tal fuerza que aún y cuando eran siete estos huyen heridos y desnudos.

Ahí se presenta una lucha aparente: los espíritus malos que tenían los exorcistas judíos hijos de Esceva, contra los que moraban en la persona que querían exorcizar. Nunca existe tal, el reino satánico tiene algo digno de imitar, siempre está unido y su propósito siempre está bien resuelto: Destruir a todo ser humano, matarle y robarle.

En realidad las estrategias del reino de las tinieblas operan con estrategias distintas en nuestros días, sin embargo la filosofía es la misma. Opera bajo los mismos principios de antaño. Cuando el cristiano conoce las maquinaciones de satanás y está consciente de lo que está sucediendo su capacidad para sobreponerse y atacar el reino de las tinieblas es mucho mayor.

Cuando alguien ignora las Escrituras está a merced del temor. Porque la ignorancia produce temor. Un niño puede tener temor a todo lo que desconoce, pero una vez que ha tenido la experiencia el temor desaparece o se aminora. Hay aprendizaje. En muchas ocasiones se suscita el miedo debido a la incapacidad cognitiva de ver lo que existe más allá de algo. Al desconocer lo que hay detrás de la colina, al no tener conocimiento de las fieras o ríos o sabana que pudiera haber nos enfrentamos a un temor por ignorancia.

> "El efecto del miedo puede ser provocado no sólo por un objeto del que se sabe que es peligroso, sino a partir de un objeto desconocido… precisamente porque somos incapaces de identificarlo. Tenemos miedo de él porque no sabemos que no sea peligroso"[20]

El conocimiento que vence al temor que no parte necesariamente de la experiencia

No es una regla que tenemos que tener la experiencia para vencer el temor. Cuando, por ejemplo, un médico sabe que tomar cierto medicamento es inofensivo, él lo tomará con toda seguridad sin tener que haber pasado por una experiencia previa. Así es el conocimiento no empírico que vence el temor.

Podemos saber lo que hay detrás de la colina sin haber ido jamás allá con el sólo hecho de creer a la experiencia de otro. Nos encontramos ante la Fe. El médico tuvo fe en la ciencia.

Ciertamente desconocemos muchas cosas desde la perspectiva de la experiencia, sin embargo podemos creer al testimonio de otros teniendo fe en las fuentes y eliminar el temor. Por lo que el primer conocimiento, y éste es fundamental, es el de identificar las fuentes. ¿Cómo podemos identificar las fuentes, si son confiables o no? Por el testimonio de otros y por nuestra propia experiencia con la fuente en sí. Cuando nosotros creemos a la Escritura estamos basándonos en el testimonio de millones de personas transformadas por su poder, nos basamos en nuestra propia experiencia personal con Dios y su encuentro a través de su Palabra y algo muy importante también: La Biblia por sí misma nos convence de que es la Palabra de Dios.

Cuando leí por primera vez la biografía de David Brainerd[21], el misionero Estadounidense a los indios americanos, quedé profundamente impresionado. Me impresionó la pasión de este joven, su determinación y profundo amor a Cristo. Cuando este joven predicó a los indios que no habían oído jamás la Palabra de Dios causó tal impacto que el Espíritu Santo, al convencerles de su condición de pecado, se arrojaban al suelo y lloraban por horas en completa humillación, confesando sus pecados con un profundo temor de Dios. Ellos no habían escuchado jamás el evangelio, nunca fueron educados en un mundo influenciado por el cristianismo, pero creyeron en que la palabra que se les hablaba realmente era la Palabra de Dios y dejando sus vicios y sus rituales idolátricos se convertían al Dios vivo. La fuente de que estamos hablando es Dios mismo que jamás ha fallado, que jamás ha mentido, que siempre es el mismo y permanece fiel.

El conocimiento de Dios tiene poder con oración

Finalmente, el conocimiento de Dios se amalgama y clarifica a través de la oración. La oración es el elemento unificador que hace posible que todo nuestro conocimiento sea utilizado para el engrandecimiento de la obra de Dios.

A través de la oración el ser humano puede entender plenamente quien es Dios y cómo es su trato personal con él o ella. Porque Dios fue, es y siempre será un Dios único y personal. El trato que Él tiene conmigo no se puede extrapolar a nadie, aunque las enseñanzas de la Biblia sean invariables y dirigidas a todos los seres humanos, Dios es así, su Palabra es clara, lo que es pecado es pecado, la doctrina es inamovible, lo que es santo es santo y la Biblia nos lo explica claramente, pero su trato, su amistad, su comunión es estrictamente personal.

La potencialidad viene con los conocimientos técnicos de las Escrituras, y se puede ampliar nuestra perspectiva mediante el conocimiento que nos brindan las universidades y el roce social transcultural, pero la espada afilada del Espíritu no se puede blandir si no existe el poder de Dios que se obtiene mediante la oración eficaz y sincera que emerja del centro de nuestras emociones y voluntad.

Por medio de la oración el cristiano recibe revelación y conocimiento de Dios que no está escrito en ningún libro sobre la tierra, y esto ocurre porque la oración hace aterrizar nuestro volátil conocimiento en la pista de nuestra propia personalidad: Dios personaliza las verdades de la Escritura. No me refiero a una interpretación personal para nuestro placer [Las Escrituras no son de interpretación privada,(2 P 1:20)], de hecho en ocasiones suele ser todo lo contrario: los conceptos de la Escritura hieren para extirpar de nuestra vida los tumores del pecado, en ocasiones es amarga como hiel para sanar nuestras enfermedades y pudiere aún golpear nuestro corazón para sacarnos del pozo de la angustia; me refiero más bien a que Dios trata con cada uno mediante la oración, de manera tal, que las frases y versículos de la Biblia se hacen claros y brillantes, adquieren profundidad y trascendencia, la vida cristiana se hace práctica y el poder del Espíritu Santo nos ayuda a avanzar con aplomo y seguridad.

Los más grandes de los temores del ser humano serán sacados de raíz mediante el conocimiento técnico de la Palabra y el conocimiento práctico único y privado que se adquiere en nuestro cuarto de oración.

Conclusiones:

1.- Aunque el mundo ha avanzado enormemente en conocimiento y sabemos que son los tiempos del "reino del conocimiento" son los nuestros, el hombre por tener un ser eminentemente espiritual no está satisfecho plenamente hasta que conozca a Dios.

2.- Todo cristiano debe de llenarse del conocimiento de Dios contenido en las Escrituras y procurar también todo el conocimiento humano que concuerde con ellas que le sea posible. En conjunción con la experiencia tan variada como sea posible dentro de la voluntad perfecta de Dios en batallas espirituales de poder.

3.- Entre las diferentes soluciones que con frecuencia la gente da a sus problemas de temores se encuentran, entre otros, dos. Uno ignorar el miedo en tanto que se ignoran también las Escrituras y otro esconder su miedo en la colectividad. Por ello las reuniones que se tienen con ese fin. Sin embargo estas soluciones han demostrado no ser eficaces.

4.- La angustia según la definición de unos es miedo a la nada o a todo. Según la definición de otros es solamente miedo a todo. Sea como fuere la fuente de la ansiedad no es algo que proceda de Dios y en la mayoría de los casos procederá del reino de las tinieblas. Ningún cristiano debe de padecer esto. Para vencer esto debemos conocer a cabalidad las Santas Escrituras, creer en ellas y dejarnos irrigar por el poder del Espíritu como lo hizo Cristo en el desierto.

5.- El conocimiento que nos hace vencer al enemigo es el que nos obliga a entender quiénes somos, porqué lo somos, en qué creemos, porqué lo creemos. Y el conocimiento en combinación con la práctica del amor nos libra del temor primero provocado por la ignorancia; y segundo, por el quebrantamiento que viene como consecuencia de la desobediencia.

6.- En algunas ocasiones el ser humano ha utilizado diferentes alternativas para tratar de mitigar su miedo. Sin embargo todas ellas, sin el conocimiento de la Palabra de Dios no serán más que antídotos de charlatanes que no le extirparán el problema de raíz. Sabemos que el conocimiento humano y el trato social y transcultural será útil para que algunos de los temores del hombre sean disipados, sin embargo la angustia, o bien las fobias, a las que se les llama regularmente anormalidades y patologías psíquicas, parten normalmente de problemas espirituales más profundos de lo que suele imaginarse. La presencia demoníaca no puede evadirse con argumentos humanos o simple (o complejo) conocimiento científico sino que al diablo se le vence, con la Biblia. No se puede esgrimir la Palabra de Dios hasta conocer al Dios de la Biblia y no se puede conocer al Dios de la Biblia sin conocer a Jesucristo realmente.

7.- En la Biblia uno de los temas que más importan para vencer al enemigo es conocer a plenitud quienes somos nosotros en Cristo, nuestra identidad.

8.-Tenemos que admitir que mucho del conocimiento en la vida cristiana se adquiere por fe, pero en todos los campos de la ciencia también sucede lo mismo.

9.- El conocimiento técnico de las Escrituras jamás podrá ser lo suficientemente efectivo sin la brillantez que nos da la oración. El conocimiento sin la unción del Espíritu Santo podría parecerse a letra muerta.

Oración

Señor, tú conoces todas las cosas, tú sabes exactamente cuál es la solución a mis problemas y mis temores. Te suplico que ilumines mi mente y corazón con la verdad. Llévame a la verdad, habla a mi vida, se tú la lumbrera que ilumina mi camino. Ignoro aún muchas cosas pero quiero aprender, tú eres mi Gran Maestro. No tengo otro Maestro fuera de ti, y lo bueno que conozco por los hombres y mujeres de esta tierra es porque Tú se los diste primero. Líbrame oh Señor de todos mis temores, acércame a Ti más y más profundamente. Irradia mi alma con Tu Palabra. Tu Palabra es verdad. Perdóname por no preocuparme por aprender más de Tu palabra, prometo desde hoy escudriñarla más. Ahí te encontraré a Ti, Tú eres el centro de la Biblia, tu mensaje de amor está por todos lados. Hazme comprender Tu palabra, entonces por Tu palabra yo viviré. Oro en el nombre poderoso de Cristo.
Amen.

CAPÍTULO 10

Temor al cambio

Satanás tiene tantos frentes de ataque como no tenemos idea. Su estrategia aplicándose en la primera pareja de la tierra dio resultado. De ahí, dado que carece de omnisciencia, continuó y continúa aprendiendo nuevas formas de engañar a la raza humana para afligirla y destruirla.

El miedo al cambio es una pericia satánica utilizada como un misil asolador, aniquilador y devastador espantoso del diablo contra el corazón humano para impedir su salvación y aún imposibilitar y talar su avance dentro de la vida cristiana.

Aún los propios incrédulos han reconocido que el miedo al cambio representa una enorme barrera para el progreso. Citaré, a manera de ejemplo, lo defendido por uno de los mejores pensadores humanos de filosofías de calidad que ha tenido el mundo: Edward Deming.

Deming creó una nueva forma de pensar en cuanto al mejoramiento de la calidad en la producción industrial. Sus primeras asesorías inician en empresas del Japón y tuvo tanto éxito en la práctica, que continúo educando japoneses de juventud a vejez. Los conceptos del Dr. Deming contribuyeron en la transformación de la industria automotriz (inicialmente, porque después hubo de permearse a muchas otras industrias) a tal grado que los autos japoneses se convirtieron en los de mayor calidad del mundo. El Japón, a raíz de la perseverancia de la puesta en marcha de los juicios de Deming, fue considerado el mejor productor (pieza por pieza) de autos en el mundo, superando a los E.U. (siendo que E.U. los había creado) sobretodo en la década de los 80's tiempo en el que los productores norteamericanos, enterándose del mérito de Deming solicitaron (aunque tardíamente) la colaboración de su compatriota en los asuntos de calidad.

La médula de esas ideas se encuentra plasmada en 14 puntos donde se establecen los mecanismos necesarios para efectuar una transformación intensa en la calidad de una organización: ¡Una verdadera revuelta para bien!

Lo que resulta abajo del tamiz de todo su pensamiento son estos catorce puntos principales en donde encontramos uno de ellos (y por ello la referencia) relacionado con lo que tratamos en este capítulo y dicta así: "eliminar el miedo".

Deming y el mundo muchas veces ignorante de las cosas divinas reconoce que es indispensable eliminar el miedo para progresar.

Decir "eliminar el miedo" es tan sencillo, porque sabemos que existe y lo más razonable es que se debería extinguir de alguna manera, pero la pregunta importante es: ¿cómo?

Se pueden eliminar algunos miedos (seguramente Deming los tenía claros), pero ¿qué hay del miedo al cambio? ¿Qué opinan los estudiosos del campo administrativo en cuanto a esto?

Los genios de la administración del cambio han llegado a la conclusión de que es imposible eliminar el miedo, al menos directamente. ¿Imposible? ¡Sí! ellos encontraron que lo era. El miedo, en un ambiente de cambio es sinónimo de aprendizaje y se tiene que afrontar: "El temor y la ansiedad no se deben de ver como problemas que hay que remediar, son reacciones naturales, hasta sanas, a los cambios en el nivel de apertura".[23]

El miedo al cambio es un fantasma con cara aterrante que deja petrificados a todos los que le ven —como una especie de fea medusa—. ¿Pero este concepto es aplicable desde el punto de vista bíblico?

¿Es legítimo el miedo al cambio?

Debemos recordar que muchos argumentos que se encuentran difundidos secularmente no tienen base bíblica y representan tretas del diablo siempre con fines destructivos (aunque, por otra parte, muchos otros también, después de pasarse por el tamiz de la conciencia práctica y de la estricta aplicación del método científico, no son más que los mismos conceptos copiados de la Biblia) Sin embargo, en cuanto a lo mencionado anteriormente, esta idea sí denota los rayos de luz del pensamiento sabio de Dios.

La naturaleza humana está preparada para cambiar. Mediante esta perspectiva es más humano estar en cambio que no estarlo. Y es más diabólico cambiar que permanecer igual: Ya que Dios es inmutable. El que lee entiende que el cambio se dirige por alguno de los dos caminos: el bien o el mal. Mientras que la naturaleza humana es cambio constante (camino al mejoramiento), la naturaleza divina es perennidad (ya que está en la cumbre inalcanzable de la perfección).

Cuando hay cambio hay miedo y cuando hay miedo hay esfuerzo y éste se bifurca de la siguiente forma: Esfuerzo de resistencia al cambio o bien esfuerzo por cambiar. Ambos caminos pueden ser buenos. No quiero cambiar ni remover la sólida roca de los principios bíblicos en mi vida, si quiero cambiar todo aquello que me sea más útil y práctico en el progreso de mi santidad personal y el avance del reino de Dios sobre la tierra. El cambio en este último sentido siempre es sinónimo de progreso: Cambiar es mejorar.

¿Qué pasa cuando alguien está acostumbrado a hacer siempre lo mismo y de pronto se encuentra con la posibilidad de cambiar? Lo más seguro es que venga sobre él o ella, de forma natural, el miedo. Pero ¿qué pasa cuando alguien está acostumbrado a experimentar cambios constantemente? Creo que su temor será menor o quizá ni exista. A esto le llamo crear un ambiente para el cambio.

Crear un ambiente para el cambio

Para crear un ambiente de cambio necesitamos ciertos elementos interconectados, como una red que da tratamiento a todo lo nuevo que ingresa a nuestro entendimiento, ya sea de acción o de forma de pensar. Como una especie de mapa mental. Como un procesamiento, un camino lógico por el que transitará todo lo nuevo, el cambio en potencia.

Cada uno genera su propio mapa mental de cambio de acuerdo a sus necesidades particulares y a la información que tiene almacenada en las células de su cerebro a medida que experimente cambios a menudo.

El cambio más importante en nuestra vida es el momento en que volvemos nuestro corazón a Dios. El arrepentimiento de hecho es un cambio muy profundo. Es un renunciamiento de mente y corazón al mundo y a los deseos de la carne que se traduce en un esfuerzo por la acción y la no-acción: la obediencia a los mandamientos de Dios, un vivo interés por conocer la Palabra y un temor por ofender a Dios que se siembra con raíces cada vez más profundas. Esto proviene de Dios porque nadie tiene el valor suficiente para perpetuar un cambio tan radical.

¡La salvación del hombre y la mujer es el más grande milagro de todos, que no se puede hacer sin la ayuda del Espíritu Santo! (Sabemos que el Espíritu de Dios realiza todos los milagros —los que son para la gloria del Padre— pero aquí subrayo y acentúo su intervención.

El valor que se gesta en la necesidad de alcanzar el reino de Dios se logra únicamente depositando nuestra confianza en él y dejando que él sea quien perpetúe el cambio en nosotros; y podemos estar seguros de que el cambio que Dios efectúa en el privado de los altos mandos de nuestro cuartel general, es decir, nuestro corazón, será tan grande y tan mirífico que el gozo provocado ahogará todo el temor. Esto representa un poquito de fe de nuestra parte únicamente, el Espíritu Santo hace la mayor parte del trabajo, nosotros ponemos solo un poquitín de fe.

Temor al cambio y la falta de fe

Pero la verdadera fe y confianza en él, esa pequeñina semilla de mostaza de fe no puede germinar sin arrepentimiento. No hay arrepentimiento sin cambio. No hay salvación sin arrepentimiento. No hay vida eterna sin salvación. No hay cambio sin voluntad por cambiar. No hay voluntad por cambiar debido a la inhibición del temor (a esto se le puede llamar postergación y de ello hablo más adelante).

Pero, si hay cambio hay temor (si me dejo dominar por él). El temor nace de la preocupación de no tener la suficiente seguridad, el suficiente resguardo. De una fragilidad que hace temblar un corazón desarmado como una hoja de roble. El temor surge de la reflexión de aquella decisión de cambio que desemboca en la creencia de que existe una alta posibilidad de un trastorno irremediable que haga nuestra vida infeliz por el resto de nuestros días o al menos por algún tiempo largo.

Muchas veces el riesgo de que esto suceda no existe. Pero nuestra mente está predispuesta a asociar el cambio con el riesgo. ¿Pero existe riesgo cuando se trata de confiar en Dios? Pienso que no. No, no existe riesgo. Lo que existe es falta de fe. Estamos por tanto en un asunto de incredulidad. La incredulidad produce muchos de nuestros propios temores y uno de los más importantes de ellos es precisamente el temor al cambio.

El remedio es ejercitarnos en la fe. A medida que vayamos experimentando la fidelidad de Dios nuestra fe en él va siendo más grande en nosotros. A medida que va siendo mayor nuestra fe tenemos poder de Dios para hacer mayores cambios y cosas cada vez más alejadas de lo ordinario.

La medida de fe tiene relación con la madurez

A medida que vayamos experimentando el poder de Dios en nuestra vida nuestra fe va en aumento; le vamos creyendo más y más a Dios, la Palabra toma su nitidez y frescura, la digerimos con un hambre cada vez más vivo y entusiasta. Estamos bajo el tratamiento de Dios.

Él cava el barro, lo amasa, lo trabaja en el tablero y en el torno, el horno es encendido, y mientras se calienta, ve la pieza de barro si tiene grumos o imperfecciones, la destruye, la vuelve a amasar, verifica la consistencia (el barro no puede estar tan duro que no se pueda manejar, ni tan suave que las yemas de sus dedos se peguen a la masilla), vuelve a pedalear en la rueda, lo moldea con diligencia hasta que finalmente le ve bien, por lo que mete nuestra vida en el fuego al rojo vivo, después baja o sube la flama, para que ésta sea la óptima, espera, la deja y hace lo propio para que se extinga el fuego, saca la pieza, la desmolda, la ve: es buena, nuestra vida ha llegado a la madurez. Son necesarias las tribulaciones para ello, pero vale la pena. Llegar a la madurez equivale a ser cristianos sólidos que ya no beben leche espiritual si no que están listos para ser buenos siervos en la casa de Dios. Su casa que no es un templo hecho de manos sino hombres y mujeres, almas preciosas que necesitan recibir la palabra y alimentarse de ella. El proceso de aprendizaje y santificación nunca termina, cada día es alcanzado un mayor y mejor peso de gloria hasta que finalmente llega el final de nuestro camino: la muerte. ¡Esto es maravilloso! una vida de servicio y lealtad. ¡Aleluya! ¡Que lleguemos a la estatura de la plenitud de Cristo!

Pero el ejemplo de los hombres y mujeres de Dios en la Biblia nos da a entender que no se necesita toda la vida para estar maduros en el Señor. Entendiendo que ser maduros en el Señor es estar preparados para toda buena obra, la madurez se puede lograr con algunos años en el Señor y se prolongará dependiendo de la calidad de la enseñanza Bíblica y del esfuerzo personal para ejercitarnos en la fe.

El ejercicio de la fe es la práctica de la vida cristiana, las batallas de la fe en el campo, fuera de las cuatro paredes del templo en donde se puede estar cómodamente escuchando un sermón. Es estar en contacto con la gente, recibiendo frontalmente los ataques del diablo en todas las áreas de nuestra vida.

Los discípulos de Cristo estuvieron con su maestro por tres años y después de que fueron bautizados con el Espíritu Santo emprendieron un ministerio mundial de evangelización y la iglesia crecía enormemente.

Hay diferentes casos en la Biblia y diferentes llamados y tiempos de llamados, sin embargo mi opinión es que no se necesitan muchos años para estar preparado para el ministerio si una persona desde su conversión se esfuerza por aprender y empieza a actuar de inmediato y sostenidamente. Es seguro que el tiempo de madurez variará en cada persona, sin embargo todos deben esforzarse por la madurez lo más pronto posible. No todos serán pastores, evangelistas o maestros pero es responsabilidad de todo cristiano buscar estar preparado para toda buena obra en el reino de Dios. No hay lugar para la postergación ni la espera infructuosa. La voluntad de Dios es vencer el miedo al cambio y actuar en el nombre de Jesucristo.

El miedo al cambio como sinónimo de inactividad

Es nocivo estar inactivo con la excusa de que se está esperando la voluntad de Dios mientras un mundo se está perdiendo sin Cristo a cada momento: *"El amor de Cristo nos constriñe"* (2

Co.5:14) quiere decir: "... nos obliga". Nos impulsa a actuar. Habrá situaciones en que necesariamente tengamos que esperar la voluntad de Dios, pero no podemos caer en el caso del siervo malo y negligente que enterró su talento por "temor a equivocarse" ¡cómo ha logrado satanás engañarnos de esa manera! La recomendación bíblica es acción. Dios no puede tolerar a personas indecisas que no se atreven a hacer las cosas por temor a que algo les pudiere resultar mal. En todas las cosas existe un riesgo. Pero si Dios ha prometido estar con nosotros (Mt. 28:20) y que él prosperará todo lo que emprendamos (Sal. 1:3) ¿acaso no nos dará la victoria en cualquier proyecto que tengamos para él? [Aunque mansos como palomas y astutos como serpientes tengamos que tomar también en cuenta las palabras de Jesús acerca del que tiene planeado construir un edificio (Mt. 10:16, Lc. 14:28)].

Tomando en cuenta todos estos elementos es intolerable e inexcusable que tengamos temor al cambio. Y si acaso tenemos temor de cualquier manera... ¡tenemos que actuar! ¡No podemos esperar en la trinchera por el temor a que nos maten cuando sabemos que afuera están indefensos nuestra esposa y nuestros hijos! ¡No podemos estar pasivos sabiendo que nuestros semejantes están cayendo al infierno por miles cada minuto!

He escuchado la idea: "Cuando sientas paz en tu corazón es que es la voluntad de Dios". Sin embargo esto no puede ser en todos los casos. Encontrar la voluntad de Dios implica oración y ayuno, conocimiento de la Palabra y apoyo de otros líderes cristianos más experimentados a los que tengamos acceso. El cristiano debe obedecer a Dios aún aunque sus sentimientos internos indiquen una guerra de voluntades. En tal caso no hay paz, más bien nuestra voluntad está en conflicto con la de Dios, pero tenemos que obedecer.

En muchas ocasiones nuestros propios sentimientos se opondrán para la acción, entre ellos por su puesto, el miedo. Basta recordar el caso de Jonás, el cual tenía sentimientos muy negativos en contra de la ciudad de Nínive, sin embargo, tenía que hacer lo que Dios le estaba ordenando (aún en contra de sus propios sentimientos). Nos sentiremos quizá nerviosos y hasta temerosos por el cambio que implica, pero una vez que Dios ha confirmado que eso es lo que él quiere aunque tengamos temor debemos actuar. Esto suele ser muy agresivo, es una voz de mando. ¿Es falta de fe tener temor en tal caso? Bueno, nuestra fe está en crecimiento, es una reacción normal al cambio que a medida que vamos afinando nuestro oído para escuchar la voz de Dios va desapareciendo. Este es un asunto de madurez.

Presente proyectos para Dios

Y una persona madura o que busca la madurez no sólo obedece a la voz de Dios sino que presenta proyectos para su obra.

Presentar proyectos ante Dios es seguir el ejemplo de los apóstoles. Los apóstoles estaban llenos del Espíritu Santo, pero no dejaban de ser humanos con errores. La única manera de no equivocarse es no hacer nada (seguramente alguna vez hemos escuchado esta frase popular). Por lo que los apóstoles presentaban sus proyectos ante Dios.

Ellos quisieron ir a predicar a Asia. Ese era su proyecto, pero el Espíritu Santo lo rechazó. Luego quisieron ir a Bitinia; pero el Espíritu otra vez rechazó el nuevo proyecto. Pero al ver el Espíritu Santo que ellos estaban empeñados en trabajar por su obra y hacer su voluntad, estando en constante oración y ayuno, presentó a Pablo una visión en la que ve a un varón macedonio que le dice: "Pasa a Macedonia y ayudamos" (Hch. 16:6-10). He inmediatamente comprendieron la voluntad de Dios y procuraron hacerla... y la hicieron.

Como los apóstoles nosotros tenemos ideas en nuestra mente para hacer crecer el reino de Dios. Después las presentamos en oración y Dios las aprueba o desaprueba comprobando en nosotros su perfecta voluntad. Luego presenta la oportunidad de acción delante de nosotros y ahora lo único que tenemos que hacer es tomarla y llevarla hasta sus últimas consecuencias. Sabemos que esto será un hecho porque Dios así lo quiere por lo que tenemos todos los recursos del poder de Dios para hacer una realidad sus planes. No hay lugar para la postergación.

La postergación es una carroña nociva de nuestra salud en Cristo

Dicho lo anterior es cómodo decir: "estoy esperando la voluntad de Dios" pero debemos recordar que podemos estar navegando en la barquilla de la postergación. No es tan sencillo deducir la verdadera intención del dicho popular "A la ocasión la pintan calva". Pero sabemos que es un asunto de acción; de no dejar que pasen las oportunidades. Se compara a la oportunidad con una bella dama cuyo cabello cubre su rostro y que al pasar junto a nosotros debemos asirla por medio de tales cabellos puesto que después que ha pasado será imposible arrastrarla a nosotros ya que los cabellos de donde podríamos tomarla ahora estarán fuera de nuestro alcance.

Así son, por lo tanto, las mejores oportunidades de la vida. Pero la razón por la que no actuamos podría ser en muchos casos por cobardía. El miedo se apodera de nosotros para hacernos caer en el sucio juego del diablo de la postergación. Ya nos lo dice la Biblia:

> *"Aprovechando bien el tiempo porque los días son malos" Ef. 5:16*

Las mejores oportunidades se presentan inesperadamente, nosotros las vamos provocando sí, pero no sabemos el momento en que habrá de pasar junto a nosotros la dama del dicho. Ella aparece de la nada para que la tomemos de inmediato.

Esto se relaciona con el pasaje que narra el encuentro personal de Cristo con un paralítico. El mismo que yacía imposibilitado de sus piernas cerca de los asideros del estanque de Betsaida.

El paralítico era un hombre desdichado que había dejado pasar todas las oportunidades que se le habían presentado cuando aquel ángel venía de cuando en cuando para remover el agua.

El agua del estanque, para el paralítico era una raíz de tristeza. Sus amigos y familiares le habían abandonado y ahora se encontraba solo. Su soledad y frustración le hacían estar en un círculo vicioso del que no podía salir.

Tenía que conformarse a ser un paria de la sociedad. Aquel hombre fuerte y poderoso que ambicionó ya no estaba ni en sus sueños. Quizá había perdido toda esperanza. Pero pronto Dios le daría la única y más grande oportunidad de su vida.

Seguramente escuchó con anterioridad de Jesús. ¿Quién no habría de escuchar de Cristo, siendo tanta su fama por todos aquellos lugares? Seguramente él sabía quién era Jesús. Cuando Jesús se ve reflejado en esos ojitos desgastados por tanto llorar nace en el paralítico su última esperanza. Cristo estaba pasando por donde él estaba. Ya no era el ángel que representaba sus propios méritos, sino que ahora los méritos de Cristo eran los que podrían hacer algo por él. Era la oportunidad que esperó durante esos treinta y ocho años.

Puedo imaginar a Cristo antes de venir a la tierra. Él le conocía y seguro escuchaba los reportes de aquel ángel siervo suyo con el que podía charlar una vez que regresaba al cielo. Imagino la curiosidad de Cristo y su intensión compasiva por que llegara el momento de ayudarle.

Ahora estaban frente a frente. Cristo, el dador de la vida le pregunta: ¿quieres ser sano? Cristo no sanaba por sanar. Él sanaba a los que venían a Él . Como ahora Cristo entra en el corazón de los que se lo piden, los que se lo piden con toda sinceridad.

La pregunta tan anhelada por el paralítico por fin después de treinta y ocho años se da. Y él responde: “Señor, he tratado por mis propios medios de llegar a Dios pero no he podido” la respuesta del paralítico era todo lo que se necesitaba: Impotencia personal ante Dios, fe y humildad.

Una chispa de fe que con el gas explosivo del poder de Dios en Jesús causaría la más grande de las explosiones. De pronto el paralítico se enfrentó a una decisión de tanta importancia que cambiaría el rumbo completo de su vida, de ser un mendigo sería ahora un hombre que se valiera por sí mismo. De ser un despreciado y paria ahora podría tener las oportunidades de una persona normal con todas sus facultades físicas. ¡Era la oportunidad de su vida! Jamás volvería a tenerla, el ángel seguiría removiendo el agua, el seguiría esforzándose por entrar pero no podría, seguiría intentándolo solo, pero una vez tras otra volvería llorando derrotado, una vez tras otra volvería mezclando sus lágrimas con el agua del estanque que mojaba su cuerpo enfermo e imposibilitado. Como muchos de nosotros antes de venir Cristo, no sabíamos cómo alcanzar a Dios, cada uno de nosotros tenía su propia manera de arrastrarse por los pisos hasta los asideros del estanque pero siempre terminábamos frustrados.

¿Tener miedo ahora? Sí, siempre surge cuando pasa frente a nosotros la oportunidad pero cuando esto ocurra no pensemos nada, solamente actuemos. Esto es por lo que siempre estuvimos rogando. Cada día presenta sus propias oportunidades y son únicas. Aprovechemos bien el tiempo y no seamos como el siervo malo y negligente que estará llorando la pena de no haber actuado al ser vencido por el temor.

Conclusiones:

1.- El miedo al cambio es algo natural en todo ser humano.

Se presenta sobretodo en quienes no están acostumbrados a cambiar. Sin embargo la fe crea un ambiente óptimo para cambiar.

2.- El miedo al cambio, entendiéndose como el miedo para hacer cosas para Dios, para aprovechar las oportunidades de servicio a él y en general para girar perfectamente en armonía con la voluntad perfecta de Dios estará siempre presente. Es algo normal en el ser humano.

3.- No es pecado tener temor cuando Dios nos ordena hacer algo. El pecado es desobedecer, lo cual es falta de fe. El temor, por tanto no es falta de fe en sí, sino que es un medio para hacernos caer en la desobediencia. La desobediencia si es falta de fe. El temor cuando aún no estamos muy ejercitados en la fe es algo normal que debemos esforzarnos por hacer desaparecer. Por lo que en la medida que no obedecemos nuestros propios sentimientos sino a la voluntad de Dios el temor a la acción y al cambio irá desapareciendo hasta extinguirse. Por lo que en muchas ocasiones tendremos que actuar aunque tengamos miedo.

4.- La vida está llena de oportunidades para servir a Dios y no hay tiempo para la postergación, que es sinónimo de cobardía o pereza. Podemos aprender del caso de los apóstoles que estaban constantemente presentando sus proyectos para Dios hasta que Dios les daba su parecer. Todo esto nos habla de acción, nunca postergación. El trabajo está ahí, Dios nos preparará para que llegado el momento no dejemos pasar la oportunidad por cobardía.

5.-Hay casos, sin embargo, en los que parece que Dios ha permitido que alguien parezca estar completamente imposibilitado y sin fuerzas para servirle. Quizá ha esperado mucho tiempo como el paralítico de Betsaida, pero Cristo, por medio de la lectura de este libro pasa por donde usted y le dice: “hija (o) mío levántate, aún tengo mucho que hacer a través de ti”.

Todos podemos hacer algo para Dios no tengamos miedo en presentar ante su trono nuestros proyectos por más simples que parezcan. Dejemos que el Espíritu Santo nos hable y encontraremos su voluntad perfecta para nosotros que siempre nos ordenará algo conforme a nuestra capacidad.

Oración

Señor pasa a mi lado, hazme vencer todo miedo al cambio, sea tu amor gobernando todas mis acciones. Sé que tú quieres que cambie para bien y me estás hablando por medio de este libro, te suplico que me des fe suficiente para obedecerte, y aunque pueda sentir un temor natural al cambio, pueda vencerlo en Tu Nombre. Impúlsame a la acción, necesito amor. Lléname de tu Santo Espíritu. No quiero ser como ese siervo malo y negligente que por temor no hizo lo que debió hacer por Ti. Te suplico también que me ayudes a alcanzar la madurez y a permanecer en ella hasta tu regreso. Que cuando Tú regreses me encuentres haciendo tu voluntad. En el Nombre de Jesús.
Amén.

CAPÍTULO 11

El pánico

Lo deleitoso del pánico

El pánico es asociado corrientemente con miedos muy intensos. Miedos que hacen poner en alerta todos nuestros sentidos y aún cada una de las células de nuestro cuerpo.

El miedo muchas veces puede ser para nuestro bien, una medida de protección que Dios ha puesto en nosotros para no hacer locuras, para no transgredir linderos peligrosos, para alejarnos del mal. Cuando la gente siente pánico piensa que su vida está en peligro, que el sitio en que se encuentra es mortal, que puede perder la vida. El instinto de supervivencia se convierte en líder, no hay mucho pensamiento, no hay meditación, todo está orientado a actuar en impulsos.

Hay algo por cierto extraño en el pánico: al tiempo que lo consideramos espantoso también tiene cierto grado de fascinación, cuando vemos que ocurre en otros.

La naturaleza pecaminosa es agrado y satisfacción por la maldad, es un deleite temporal durante, y después inclusive, de la transgresión (aunque la satisfacción experimentada en nuestra alma sea muy efímera).

El pecado tiene ese atractivo, pero como los seres mitad pez, mitad cuerpo de mujer de los cuentos de antaño, es al principio deleitoso pero de consecuencias desastrosas y mortales para quien lo perpetua.

Evitar el pecado no es cuestión de intelectualidad ni de dominio propio *per se,* sino que es un asunto de traslado de vida. Consiste en trasladar el pensamiento y los sentimientos de Cristo a nosotros. La vida de Cristo en mí me hace estar muerto al pecado. Si no existe esa vida corriendo por mis venas espirituales, hay entonces un camino natural. Ese camino natural es estar vivos para el pecado y muertos para Cristo.

Los que no le conocen frecuentemente consideran lo benéfico de una vida moral (aunque en el concepto de libertad de pensamiento de hoy la moral puede tener diferentes implicaciones, muchas de ellas hasta encontradas); sin embargo carecen del poder espiritual para hacer prácticas sus afirmaciones. Muchos quizá tengan un convencimiento intelectual de los conceptos bíblicos, pero a causa de su desconocimiento de Dios no pueden evitar el pecado en la vida diaria.

El pecado del que estoy hablando es aquel que se gesta en medio de la fascinación del pánico de otros, y éste se ha manifestado hasta sus últimas consecuencias en los sacrificios humanos en los cuales el fuego era un elemento común.

El pánico al fuego

Pánico es desesperación, es decidir con cerrazón plena. Es actuar bajo los impulsos animales. Es pensar en desorden total seguido por actos irracionales que suelen desembocar en mayor pánico. Al ofuscarse las facultades humanas de racionalidad, el hombre y la mujer tienden a buscar una salida instintiva, actúan al azar, bajo la nebulosidad de un pensamiento en tinieblas.

El fuego es el caso típico provocante de pánico. ¿Quién no ha sabido de al menos un caso en su propia comunidad de muertes desencadenadas por el pánico al fuego? No es pánico al fuego en sí, sino a la inminencia del dolor provocado por una quemadura. Los antropólogos pueden afirmar que el hombre a través de todas las épocas, ha tenido terror a morir quemado vivo. Ésta ha sido siempre la más espantosa de las muertes. Tiene relación, inclusive, con los sacrificios humanos ofrecidos a los dioses de la antigüedad en donde se hacía pasar por fuego a las víctimas humanas y aún en nuestros días, bajo la sombra del satanismo (avivado desde el siglo pasado).

El sacrificio de niños "pasados por el fuego" era práctica común de los rituales mencionados en el Antiguo Testamento, sobre todo al dios Moloc, del cual Dios advierte en Levítico 20.

De nuevo está la fascinación ante un hecho pecaminoso. ¿Quién enseñó a las civilizaciones que hacer sacrificios con fuego era algo que gustaba a los dioses? ¿Por qué a medida que estudiamos la etnología nos damos cuenta de este común denominador? Y mayor aún, del uso del fuego para sacrificios humanos, sobretodo de niños.

El hombre en su afán por encontrar salvación ve en su máximo pánico, en su máximo horror, el alcance de su propio bienestar. Se presenta ahí una substitución. El hombre en su ignorancia, totalmente dominado por el reino de las tinieblas (1Co. 10:20), deseaba la sustitución que le salvara del castigo. Presenta entonces a lo que más ama, a sus hijos, para que pasen por su máximo terror: la muerte por contacto directo con el fuego. De esta manera parece encontrar mediante claro engaño, la substitución de él mismo al calmar el enojo de sus dioses y así alcanzar su bienestar (esto tiene su raíz en la búsqueda de la salvación de su propia alma).

Los sacrificios humanos han sido universales. Aún se sabe de un cementerio gigantesco en Cartago, al Norte de África, en donde los hallazgos arqueológicos arrojan, con buen grado de exactitud, que se realizaron sacrificios humanos de niños en esa región por más de seiscientos años desde aproximadamente el año 400 a.C.[22]

Esta práctica se abolió bajo el imperio Romano en el antiguo mundo, prevaleciendo simultáneamente en el nuevo hasta la llegada de los españoles.

De nuevo esto tiene su propia raíz. La raíz está en el aprovechamiento satánico de su propio conocimiento acerca del hombre. Sabe de sus temores y de los pánicos que afligen a su alma y este conocimiento es canalizado para su máximo anhelo: el verse adorado como lo es Dios, deshonrando su gloria.

Como sabemos ese es el máximo anhelo satánico; detrás de todas sus maquinaciones y estrategias siempre está este antiguo deseo horripilante que nunca ha salido de su corazón. Es el "goce" de ver "frustrado" a Dios en su intento por salvar a la humanidad cuando ésta reconoce su poder al postrársele en obediente y sincera adoración. Dios es Espíritu y los que le adoran en espíritu y en verdad es necesario que adoren (Jn. 4:24).

El sacrificio humano infantil es de triple horripilancia: El sacrificio en sí mismo con señal de veneración y adoración al no-Dios (representado en la Biblia como adoración directa al reino de las tinieblas). En segundo lugar, es el máximo dolor que se le puede inyectar a un ser humano, lo que está en el cúmulo sublime de su fascinación mediante el sacrificio de un ser con alma, con emociones, con espíritu, un semejante y; en tercer lugar, el sacrificio de un humano tierno, un infante que no tiene uso de conciencia, en la ignorancia completa de lo que ocurre: el símbolo pleno de la inocencia, lo que se traduce como la injusticia exacerbada.

Por ello sin lugar a dudas este acto es un monumento a la inhumanidad. ¡Oh qué tiempos aquellos! ha de decir el muy miserable de satanás, por ello su antiguo anhelo se ve refrescantemente satisfecho mediante el avivamiento del satanismo bajo la cobertura de la "libertad religiosa" de nuestros días.

El fuego, un amigo que de pronto se puede convertir en un verdugo para hacer lo que para la psiquis humana es lo más aterrador. Es un verdugo y amigo a la vez para quienes murieron como mártires en la hoguera. Amigo porque es el medio para partir a los brazos de su Cristo participando de sus aflicciones, cosa que será grandemente galardonada por el Todopoderoso (Mt. 5:12). Por el otro lado un verdugo porque su cuerpo siente un dolor indescriptible.

El mártir en la hoguera es visto como un espectáculo público en advertencia a los espectadores, los que bajo el influjo de una naturaleza pecaminosa y perversa sienten placer y fascinación por lo que su mente considera horripilante. El conejillo de indias que se mata en nombre de la satisfacción del deseo de la colectividad perversa.

Y en cuanto al sentir de los mártires en tales circunstancias, ¡Qué gozo tan inexplicable e irracional! ¡Qué locura desmedida! ¿Cómo es posible tener paz ante el choque psicofísico de la antorcha humana? Esa es la paz de Dios de la que habla el apóstol Pablo: "*... la paz de Dios sobrepasa todo entendimiento*" (Fil. 4:7).

Lo que para un ignorante de Dios es pánico para uno con el amor de Dios en su corazón es un camino de paz. Eso es inexplicable para la ciencia porque sólo se discierne espiritualmente.

La colectividad se divierte y se fascina, el ajusticiado sufre con una paz indescriptible.

El pánico en la colectividad

Es, por tanto el pánico muchas veces promovido por la colectividad. Tiene en ella su hábitat natural. El espíritu del líder es transmitido a los liderados. Los líderes son líderes por tener espíritus conciliadores y aplomados que no son fácilmente conmovidos por las circunstancias. Pero cuando no existe ese líder el pueblo se desenfrena y los espíritus humanos que crecieron en ambientes de temeridad se manifiestan. Gritan, se exaltan, se desencadena una reacción emotiva que, como dominó, se expande a la mente de los demás a través de la percepción sensorial y puede llegar hasta el desenfreno de las celdas del pensamiento. Un estado en donde cuelga un rótulo que dice: "situación de máxima alerta" y el diálogo interior versa así:

- ¡Muévete para salvar tu vida!
- ¿Para donde me muevo?
- ¡Para donde sea, por sobre quien sea, pero salva tu vida!

La sociedad entonces se convierte en una mole que va contra débiles y fuertes en un acto de combinación de emotividad desenfrenada, egoísmo indiscriminado y debilidad espiritual a flote.

Es entonces cuando los espíritus fuertes gritan por encima del diálogo: ¡No te agites! ¡Tu vida no está perdida! —como lo fue el grito del apóstol Pablo en Hechos 16—.

El Señor había hecho un milagro maravilloso: un terremoto abrió la cárcel en que se encontraban Pablo y Silas. El carcelero al ver que las puertas estaban abiertas, presa del pánico al creer que los presos habían huido, extiende su mano para matarse con su propia espada. Al ver que un alma preciosa está a punto de ser separada de Dios para siempre, el apóstol Pablo, en un esfuerzo desesperado por salvarle, extiende su diestra y sintiendo el calor del mismo infierno, exclama con toda la fuerza de su voz: ¡No te hagas ningún mal, todos estamos aquí!

Es allí, en la urgencia del pánico, en donde surge una voz salvadora que desgarrando el silencio llega hasta el último tribunal de juicio del ser humano y dice: "no te hagas ningún daño, hay salvación aún para ti". Esa es la voz de Jesucristo, la voz que estremece todo nuestro interior y que aniquila el pánico.

El pánico es la incomprensión de un hecho abrupto; es una sensación de peligro mortal; un sentimiento enfermizo que se desarrolla mayormente entre la colectividad.

¿Quién no recuerda la caída del martillo de la muerte de Cristo que marcaba el fin del reino de opresión y de esclavitud del reino de las tinieblas? El momento en que Cristo con su muerte vence a las potestades y autoridades malignas exhibiéndolas públicamente para gloria del Padre. ¿Qué sucedió entonces? El pánico se apodera de las multitudes que atónitas veían el suceso de la muerte del Salvador de la humanidad. Ya existía un miedo cósmico, un miedo angustioso que se siente cuando la presencia de la injusticia reclama la venganza del que dice: "Mía es la venganza, yo pagaré"; para quien la injusticia es abominable (Mi.3:9-12, Sal. 92:15, Job 34:12).

Más, repentinamente, en medio de la bonanza que precede al pánico, mientras la angustia asciende por la escalinata del miedo, un suceso enmudece a la multitud, los sucesos aterradores, los miedos natos que chocan con la psiquis humana surgen en la escena. Primero, en medio de la bonanza angustiosa, el eclipse solar, al que la humanidad aún no podía darle un significado lógico y que era relacionado también con el juicio divino, se apodera del sitio de la muerte del Hijo de Dios. La obscuridad, la que era relacionada con el mal y con la presencia de espíritus malignos hace su aparición. O bien, la luz, la que se relaciona con el Dios de luz (porque Dios es luz) se retiraba de la escena. ¡Qué momento! Por un instante la humanidad sintió lo que los hombres y mujeres sin Cristo pasarán en el infierno: un mundo, una vida muerta, una eternidad sin Dios. Los que estaban allí, sintieron, aunque haya sido sólo por un instante, lo más terrible que en vida se podría experimentar: el abandono total del Dios que lo sustenta todo, del Padre que mantiene el universo... mientras la multitud corría para escapar de la obscuridad, otro de los focos de terror aparece para combinarse, de pronto, cuando la multitud esforzaba sus gargantas en gritos de desesperación, sus pies resbalan, sus cuerpos flácidos se mueven pero no avanzan, las rocas se desmoronan a su paso, la tierra se abre. Las placas teutónicas estables del fértil creciente, de Jerusalén, en un instante completamente inesperado se enfurecen una contra la otra.

El terremoto hace que las multitudes griten aún más desesperadas. Muchas de ellas recordarían el caso de los hijos de Coré. "Seguramente muchos de nosotros seremos tragados vivos, la tierra se está abriendo, Dios está juzgando la muerte del inocente Jesús" ¡Vaya combinación en un mismo instante!

Las rocas se parten, la luz desaparece, el cielo no existe, la tierra tampoco, nada es estable, no hay escapatoria. Aún su Dios-Yavhé, al que sentían estar obedeciendo al hacer morir a un hombre blasfemo se ha ido. El velo del templo, el velo sagrado, el que dividía al lugar santo del santísimo se rompe por la mitad, otro elemento de confusión. ¿Por qué ahora? el velo hecho con materiales finísimos y resistentes a la vez que representa la inaccesibilidad a la santidad de Dios, que representa a un Dios aislado ahora se muestra abordable, cualquiera ahora puede entrar a través, ya no es sólo el sumo sacerdote una vez por año, ahora es todos cuantos quieran a cada instante que quieran y todo por la muerte del justo Jesús.

Pero era inentendible para los protagonistas de esta realidad. El rasgueo del velo era para ellos ahí sólo un ingrediente más que alteraba más su pánico.

Y mientras corrían en medio de las grietas de la tierra embravecida, sus cuerpos como llama de fuego por la rapidez con la que la sangre fluye a través de las venas y arterias de los judíos déspotas y escarnecedores, se topan con la sangre aún tibia que empieza apenas a dar sus primeros recorridos a través de cuerpos que estaban tan helados como el ambiente de las noches palestinas. ¿Cómo escapar ahora del nuevo terror producido por la resurrección repentina de seres humanos ya muertos que se levantaron cuando Cristo murió?. Ese encuentro con lo desconocido, con el más allá, produce en ellos un pánico insoportable.

Mirad que con todo esto Dios hace entender la realidad del que yacía colgado del madero. No podía ser éste evidentemente otro sino quien él mismo proclamó ser: ¡El Hijo de Dios! ¿Quién podría negar esta verdad después de presenciar estos hechos? Hoy decimos también como el centurión romano, un hombre profano que no conocía nada sobre los enredos religiosos de sus dominados judíos: Verdaderamente éste era Hijo de Dios. Pero esta afirmación está incompleta aún. La afirmación que hace gozar nuestra alma al llenar nuestra boca es: ¡Verdaderamente este era y es Hijo de Dios! Cristo es el Hijo de Dios. El Dios verdadero hecho carne por amor al despreciable y ya condenado pecador.

Conclusiones:

El pánico es la expresión máxima del terror en el corazón humano que no puede existir sino en la compañía de elementos que hacen recordar un intenso sufrimiento y una muerte inminente. El fuego es uno de esos elementos que producen pánico intenso y que está relacionado con los sacrificios de seres humanos en las culturas paganas y que ahora ha cobrado sus víctimas también con el avivamiento de los rituales satánicos secretos. Su vinculación es en el sentido de que el hombre ve su pánico, su máximo sufrimiento en otros como penitencia por su propia vida. Ve en el sacrifico de sus hijos personajes expiatorios como señal del deseo interno de su corazón, como si fuese una herencia misteriosa enclavada en lo profundo de su ser y una preparación para recibir a Cristo, el Cordero substitutorio de Dios para toda la humanidad. El pánico en este sentido se vincula con el sacrificio de nuestro Señor, aunque no fuese por medio del fuego (siendo en sí un elemento aniquilador, y era necesario que el cuerpo de nuestro Cristo no estuviese corrupto ni deformado) sin embargo, el pánico no deja de presentarse en el momento culminante de su muerte y aún después (como si fuese una demostración del máximo pánico que el Todopoderoso puede generar en el hombre).

La Biblia nos habla que vendrán tiempos en que un pánico similar al sentido en la crucifixión de Jesús se apoderará de los corazones de los hombres y mujeres del mundo entero.

Oración

Señor, líbrame de situaciones de pánico, y si tengo que enfrentar situaciones así, prepárame para que pueda permanecer firme en Ti, aferrado de Ti para no ser presa de él. Tan sólo Tú eres mi temor y no quiero que nada se apodere de mí en mi corazón, no quiero que nada fuera de Ti tome el control. Cedo todo el control de mi vida a Ti, ten potestad sobre mí. Que en todo momento Tú, Espíritu Santo, tengas todo el control porque así y tan sólo así caminaré siempre seguro. Y aunque ande en valle de sombra de muerte no temeré mal alguno, porque Tú estarás conmigo. Toda mi confianza está únicamente en Ti, oro en el nombre de Jesús, quien tiene toda autoridad y dominio en el cielo y en la tierra.
Amén.

CAPÍTULO 12

Miedo al futuro

Este es quizá uno de los miedos más frecuentes en nuestros días. Basta sólo ir unos minutos al televisor y nos daremos cuenta de lo mal que está el mundo y del futuro tan poco alentador que parece tenemos delante.

La gente está llena de temor en nuestros días porque el futuro es incierto. La economía no es sólida, de un momento a otro las bolsas de valores del mundo pueden desplomarse. Si observarnos detenidamente cada vez las recesiones económicas son más frecuentes, y el desempleo que desencadenan continúan con su tendencia a la alza en todo el mundo. Normalmente un hombre de mediana edad que tiene que mantener una familia podría caer en una profunda depresión al perder su empleo, teme si podrá mantener su status de vida, piensa inclusive que tendría que hacer cosas que siempre se negó a hacer a fin de salir adelante. Un ama de casa teme que su marido con el tiempo, al perder ella su juventud vaya en búsqueda de otra mujer. Teme que su esposo la deje de amar. Los jóvenes temen no encontrar un buen modo de vida, temen por la dura competencia que hay para alcanzar buenos empleos. Una chica de cierta edad podría deprimirse por no encontrar un buen partido, teme que jamás lo encuentre. Muchos jóvenes cuyos padres fueron pobres, temen no encontrar otra alternativa que seguir el camino de ellos. Los adolescentes temen al descrédito entre ellos, a ser considerados tontos, a no ser lo suficientemente fuertes o inteligentes. Que por ser distintos los demás hagan mofa de ellos, que les descarten y les aíslen. Temen a la vida adulta, a no ser lo suficientemente capaces, a enfrentar mundos que los hagan fracasar y en los que su desenvolvimiento sea reprobado. Las chicas temen no ser lo suficientemente bellas, los chicos temen que las chicas los menosprecien, que sean rechazados. Los ancianos temen a lo que será después de la muerte en especial, temen a las enfermedades, a no tener dinero para vivir, piensan que serán orillados a mendigar... prácticamente todos tememos al futuro, quizá tan sólo los niños no, en general. Ellos no piensan en el futuro, y si piensan de vez en cuando no temen, no piensan que les será desfavorable de ningún modo, aunque puede haber algunos que sí. Mayormente cuyos padres atraviesan procesos de divorcio, temen a ser abandonados. Su mundo son sus padres y cuando ellos se separan su mundo se viene abajo.

La gente teme a un futuro que está fuera de sus manos, cosas por las cuales no puede interferir; no esperan, se precipita a pensar, se afligen por lo inexistente pensando lo peor. Esto mayormente si ya tuvieron alguna experiencia que pueda avivar sus temores. Una madre puede pensar que su hijo está en peligro de muerte cuando no regresa después de la hora establecida. Tiene miedo de un futuro que está fuera de su alcance. En tanto, ese joven teme a ser visto como un inadaptado social o un "niñito dependiente", se queda después del tiempo establecido deliberadamente para que los demás no piensen que sus padres lo tienen dominado. Piensa en esto en tanto los demás ni por un segundo se detienen a pensar en él, ellos piensan en sus propios problemas.

Las sociedades hoy en general tienen miedo al futuro mucho por no estar lo suficientemente preparadas para enfrentar el presente. Los medios están llenos de malas noticias, y lo más triste de todo, el mundo está quedándose sin fe en Dios. Cristo lo profetizó:

"Cuando el Hijo del Hombre venga, hallará fe en la tierra" (Lc. 18:8).

El Señor Jesús sabe que el ser humano tiene miedos al futuro. Sabe que satanás crea panoramas aterradores aún de cosas que pudieren ser hasta maravillosas. Jacob tuvo miedo de dejar ir a Benjamín con sus otros hijos por temor a que le sucediera lo mismo que creyó le había sucedido a José, pero todo su temor fue en vano, José se había hecho de poder y Dios le dio la posición más alta en Egipto para un extranjero.

La Biblia nos dice:

"No os afanéis, pues, diciendo: ¿Qué comeremos, o qué beberemos, o qué vestiremos? Porque los gentiles buscan estas cosas; pero vuestro Padre celestial sabe que tenéis necesidad de estas cosas. Más buscad primeramente el reino de Dios y su justicia, y todas estas cosas os serán añadidas"

Mt. 6:31-33.

El Señor habla de tener fe, de confiar en que Él será nuestra provisión, nuestra protección y nuestra dirección. Dice que no tengamos miedo por el futuro, que Él se encargará.

Pablo recibió una palabra de Dios, el Señor le dijo que le sería testigo en Roma. Cuando la tempestad azotó el barco con tanta fuerza que era seguro naufragarían, nadie pensó en sobrevivir, todos habían perdido la esperanza de conservar la vida. Bueno, no todos, uno de los pasajeros no, el siervo de Dios, Pablo. Él sabía que sucediera lo que sucediera él no iba a morir porque Dios le dijo que él le sería testigo en Roma. Podría morir en Roma, pero no en el camino a Roma. Nosotros tenemos la promesa de Dios que él jamás nos abandonará. "No te desampararé ni te dejaré"; podemos tener un barco que por la tormenta se hace pedazos pero sobreviviremos, el Señor no nos desamparará, el cumplirá su propósito en nosotros, llegaremos a "Roma", Él nos conducirá al lugar a donde quiere llevarnos. Por otro lado el futuro de este mundo no mejorará, la Biblia nos confirma un futuro bastante desastroso para el lugar donde vivimos ahora.

Y si aún nuestro futuro en esta tierra estuviera a punto de desplomarse, si esta morada terrestre, este tabernáculo, se deshiciere... ¿por qué "tabernáculo"? porque el tabernáculo del pueblo de Israel en el desierto es algo temporal... tenemos de Dios un edificio, una casa no hecha de manos, eterna, en los cielos. Finalmente el cristiano no tiene temores acerca del futuro porque su futuro en Cristo está garantizado e intacto. Nuestra morada permanente no está aquí, está con el Señor. Tenemos una morada eterna.

Tengamos entonces la buena práctica de no juzgar las cosas antes de tiempo, seamos diligentes en sembrar buenas cosas, y confiemos que lloverá, que el Señor hará fructificar los campos, que luego cosecharemos lo bueno que hemos sembrado.

Provea para el futuro.

El Señor nos manda a ser diligentes, que no durmamos sino velemos, que en el verano nos preparemos para el invierno, que sosegadamente trabajemos, sembremos para el futuro. No lo hacemos porque tengamos temores, sino porque estamos libres de ellos lo hacemos, porque sabemos que el Señor prosperará el trabajo de nuestras manos, las buenas palabras de nuestra boca, los buenos pensamientos de nuestra alma. El que negligente duerme en el tiempo de la siega, que no pone atención en su preparación, pudiere luego sufrir grandes desavenencias. No es porque el Señor no cumpla su palabra, sino es porque la cumple que sucede. Pero para quienes antes del Señor no tuvimos esa mente, ahora en Cristo, el Señor puede ayudarnos a recobrar todo el terreno que por el pecado perdimos. Pero sea cual sea nuestra situación el Señor continúa diciendo... "no te desampararé ni te dejaré" (He. 13:5). El temor al futuro es tan sólo cosa del diablo.

Conclusiones

1.- El temor al futuro es cosa tan natural en nuestros días como desayunar huevos con tocino por la mañana. El ser humano de prácticamente todas las edades tiene miedos a lo que sucederá en su vida. Esto se debe a un mundo cada vez más inseguro y conflictivo, a que la fe en Dios está escaseando cada vez más.

2.- La palabra de Dios nos advierte de este gran problema humano y nos ordena que no temamos, que no seamos como los que no creen en Dios. Nos dice que tengamos la plena confianza que Él está en control de nuestro futuro y que no tenemos nada de qué preocuparnos. Cuando caminamos con Él, el Señor se encargará de ayudarnos para que nuestra vida no sea en vano y que logremos todo lo que Él deseó que lográramos, Él proveerá todo lo necesario para que esto suceda; nos encomienda tan sólo que confiemos. La fe siempre será la clave para una vida de éxito.

3.- Estando en la confianza que el Señor está en control tenemos ánimo para el trabajo. Nuestro trabajo en Él no es en vano, todo lo que hagamos nuestro Dios lo prosperará y seremos galardonados siempre que lo hagamos en oración y con fe en Él. Esto nos alienta a trabajar con mucha fuerza y a prepararnos siempre para el futuro. La vida en Cristo es mucho esto: preparación.

Oración

Señor, Tu haz sido benigno y generoso conmigo. Tu trabajo conmigo ha sido un éxito y te doy infinitas gracias. Perdóname por pensar negativamente acerca del futuro, porque esto es una afrenta directa a ti. Con estos pensamientos te he dicho que Tú no eres un buen Padre Celestial y esto es una ofensa para Ti. Me arrepiento y te pido perdón por temer a lo que no debo temer. Te pido por

ayuda, deseo tener una confianza plena en ti. Confieso por tanto que mi futuro está en tus manos, que todo resultará bien, que Tú tienes todo el control. Seguiré adelante, iré en pos de Ti. Tú eres lo único seguro que tengo en esta tierra, todos en algún momento pudieran volverme la espalda, pero Tú siempre estarás conmigo, Tu promesa es que nunca me abandonarás y la creo con todo mi corazón. La esperanza de gozo no está en el futuro, con tenerte a Ti en el presente es suficiente, contigo mi Señor yo soy feliz. Oro en el nombre de Jesús.
Amén.

CAPÍTULO 13

La solución más práctica

Someteos a Dios

Este último capítulo no habla de las raíces del temor propiamente. Encontrar las raíces de un problema, el diagnóstico, es el primer paso para resolverlo. Y aunque a lo largo de este libro hemos hablado de varios consejos prácticos que nos ayudarán para someter nuestros temores ahora fijaremos más nuestra atención en la solución más práctica que nos da la Escritura para vencer los temores que nos son dañinos. Hemos explicado que el temor es un sentimiento neutro que puede ser utilizado para bien o para mal. Dios ha creado en nosotros cada sentimiento para nuestro bien y el temor en particular fue creado por Dios para que le temamos a Él en primer lugar y también para evitar peligros innecesarios con toda Su sabiduría. Sin embargo muchas veces el diablo logra engañar nuestro pensamiento y nos convence para temer a algo a lo que no se debe temer. Todas las veces que las Escrituras nos hablan de no temer se refieren a aquello a lo que no se debe temer. La principal meta del diablo es hacernos pecar porque sabe que esos temores son traducidos en falta de confianza y fe en Dios, además abren la puerta para espíritu malos, postergación, problemas físicos y en general frustran los planes de bien que el Señor tiene sobre nosotros. Para dominar y prevalecer ante cualquier temor que sea motivado por nuestros enemigos espirituales la Biblia nos dice en Santiago 4:4:

"Someteos pues a Dios, resistir al diablo y él huirá de vosotros"

El temor que viene de Satanás es algo muy notorio. Es un sentimiento que esclaviza. Su atadura es tan fuerte que entre más se mueve el atado o encadenado más es su sufrimiento, las cadenas le rozan las heridas. Se encuentra como en un callejón cuyo fondo es una muralla alta y ancha imposible de brincar: en un callejón sin salida; como en medio de arenas movedizas, no sabe hasta dónde estará su fondo, sólo cae y cae. Su desesperación es como una venda sobre sus ojos que le impide ver la salvación de Dios. Cuando va a orar no puede permanecer más de 10 minutos porque la profundidad de su mal le arrastra hacia la esclavitud y después de varios intentos, se da por vencido y dice: "no puedo orar".

Mi amigo, nuestra meta en este caso, no es que usted deje de temer, sino que su temor impulsado por el diablo se transforme en un temor vehemente a nuestro Dios todopoderoso.

Hay muchas ocasiones que necesitamos la ayuda de un siervo o sierva de Dios vigoroso. Pero, tiene que enfrentarse con el reto de que es usted finalmente quien decidirá vencer.

La solución en primer lugar es someterse a Dios. Por ahora leer o escuchar las verdades de la Escritura no pudieren dar solución. No porque la Palabra no tenga poder, sabemos que el principio de todas las cosas es la Palabra y Cristo es la Palabra viviente, quien era desde el principio, no hay universo sin el Verbo de Dios (Juan 1). Me refiero a que es la comprensión de la Palabra la que hace libre. Y ahora usted no puede comprender la Palabra porque hay una barrera puesta ahí que se lo impide, no escucha la voz del Espíritu. Usted no está suficientemente preparado para hacer huir a los demonios ni para cambiar sus emociones en desorden. Como sabemos no existen fórmulas mágicas con las que podamos hacer huir al enemigo, primero tenemos que llenarnos de la fuerza de Dios (Ef. 6:10).

Someterse a Dios no es pedirle sanidad, ni cantar, ni danzar, ni asistir a la iglesia, ni recitar pasajes de la Biblia, ni hacer trabajo social, ni pedirle por las almas (aunque todo esto —por supuesto— es insubstituible para una vida cristiana saludable y vigorosa).

Someterse a Dios es dejar pasar el tiempo en su presencia diciendo: "Someto mi bienestar a ti". Diga desde lo profundo de su corazón: "sacrifico Señor mi bienestar por alcanzar tu obediencia".

Debe renunciar aún a su paz para que el Señor se engrandezca en usted. Debe renunciar a lo que usted quiere esto incluye su propia sanidad, para querer lo que Dios. No puedo decir que es algo sencillo. En la oración lo más difícil es la paciencia. Debe ser paciente y esperar, dejar pasar el tiempo mientras lentamente se somete a Dios. Estará seguro de que su vida está sometida, cuando su pensamiento sea cambiado. El pensamiento es mudado de anhelar la satisfacción de sus deseos a agradar a Dios. A medida que usted se somete a Dios, el Señor le empieza a dar en su mano las armas para vencer al enemigo.

Resista al Diablo

Después de que ha pasado suficiente tiempo con Dios, sometiéndose a él, lo que tiene que hacer ahora es resistir al diablo.

Los demonios no van a huir aún y si usted está sometido a Dios (aunque el Espíritu Santo en usted lo hace tener un olor a vida que los demonios detestan). Lo que tiene que hacer ahora es resistir al diablo. Resistirle es porfiar, es pelear, es luchar, es reprenderle y oponérsele. Ahora entra en juego el conocimiento de la Palabra. Al diablo se le resiste con la Palabra. Resistir no significa que a la primera los demonios huirán. Resistir implica un tiempo en el cual el enemigo permanecerá ahí atacándole y aferrándose a sus fortalezas. Pero si es paciente y le resiste con la Palabra, con un espíritu sometido a Dios, entonces no hay impedimento: El diablo y todos sus demonios tendrán que huir. Huir es sentir miedo. Los demonios le tendrán miedo a usted cuando se someta a Dios y les resista con la Palabra.

Resistir con la Palabra no significa que deba saber el texto entero de la Escritura sino que utilice en este caso los textos que en este libro se han mencionado una y otra vez y todos los que el Espíritu le recuerde. O bien puede usted leer con atención el Nuevo Testamento y el Espíritu Santo le guiará.

Tiene que invertir tiempo, mucho tiempo

No olvide que para someterse a Dios y resistir al diablo habrá de invertir tiempo. ¿Qué tanto? Pienso que no puede ser menos de una hora por día y se puede prolongar hasta que en su espíritu sienta la quietud de Dios y aunque en la oración lo que más importa es la calidad y no tanto que pase solamente el tiempo inútilmente, aun así no debería ser menos de esta cantidad de tiempo en una oración intensa y concentrada.

Después de esta victoria su vida a su vez podrá seguir preparándose para ayudar a otros. Si no se llega al nivel de ayudar a otros no está cumpliendo cabalmente la ley de Cristo (Gal. 6:2) y eventualmente seguirá sufriendo de nuevo de la esclavitud del enemigo en alguna área y esto se tornará en un círculo vicioso.

Para quien aún no ha aceptado a Cristo como su salvador personal, el problema no es mayor, sólo tiene que rendirse a Cristo confesarle sus pecados y dejar que él tenga el señorío de su vida. Cristo le sanará. Pida la ayuda de gente que tenga el poder de Dios en su vida.

Ahora estará listo para trasladar su temor. De temer a otras cosas fuera de Cristo ahora está listo para cultivar el temor de Dios.

Tema a Dios

El temor a Dios se demuestra en el momento de tomar decisiones y tiene síntomas similares del temor natural que todos experimentamos en algún momento, con la diferencia de que el temor producido por satanás y por nuestro propio espíritu rebelde y desobediente produce amargura, frustración, encadenamiento y muerte, es un temor maligno; en tanto que el temor de Dios produce obediencia. Y la obediencia, una vez que ha sido perpetuada da a luz paz, gozo y amor en esta vida, galardón en la venidera y la sonrisa de complacencia de nuestro Dios en ambas.

Que es el temor de Dios

El temor de Dios, el que proviene de Dios, es un candado natural para no dejar que nuestra alma desobedezca. El temor es a ofenderle, porque le amamos y tememos perder nuestra relación con él.

Una persona temerosa de Dios, no es una persona insegura ni temblorosa. Sino que el temor a Dios, por el contrario le da seguridad ante los hombres y mujeres de esta tierra. Es una persona con un alma vigorosa, fuerte, robusta, llena de fe en Dios y con una vida limpia... cuando teme a Dios, no teme al diablo, ni al mundo... temer a Dios es amarle y respetarle vehementemente, es un compromiso inquebrantable de santidad. Es lealtad irrestricta e infranqueable a nuestro Señor.

El temor a Dios se demuestra en el momento de tomar nuestras decisiones. Es algo estrictamente práctico que requiere decisiones obedientes sin titubeos.

Pero no nacemos con el temor a Dios, sino más bien la tendencia es hacia la desobediencia. El temor a Dios se cultiva, se procura diligentemente. Se aprende en la práctica.

Abandonar lo conocido para entrar en lo desconocido

Y tratándose de hacer cosas para Dios en ocasiones tenemos que abandonar lo conocido y entrar a lo desconocido aún aunque sintamos miedo. El miedo a lo desconocido es algo normal, es un sargento armado en nosotros mismos que está para nuestro resguardo, pero cuando se trata de hacer cosas para Dios tenemos que pasarlo por alto y adentrarnos en el mundo de la obediencia aun y aunque sintamos que las circunstancias no son las más propicias. Ejemplo de ello lo tenemos por decenas en la Escritura. Si Gedeón, Jefté, o Abraham hubiesen hecho caso a ese guardia de seguridad que les aconsejaba que su misión sería tan peligrosa que no obtendrían el éxito que soñaban sus nombres no aparecerían en la Escritura.

Todos queremos que nuestros nombres estén escritos con letras brillantes en el cielo. Alguno quizá desearía que como en el caso de los apóstoles, alguna de las puertas de la nueva Jerusalén lleve su nombre; para ello debemos de actuar aunque sintamos miedo a lo desconocido. Debemos adentrarnos en ese túnel "obscuro" que jamás hemos visitado pero que Dios nos ha dicho que será para la alabanza de su gloria. Debemos hacerlo con fe y confianza en su Palabra.

Termino con las Palabras del Espíritu Santo por medio de Lucas, su siervo:

...y tuvieron temor todos ellos, y era magnificado el nombre del Señor Jesús.

Hch. 19:17 (ver también Hch. 5:11 y contexto)

Y de David, su amigo:

"Mi Carne se ha estremecido por temor a ti y de tus juicios tengo miedo"

Sal. 119:120

Conclusión Final

He escrito este libro con temor y temblor, su brevedad me impide agotar el tema que seguramente podrá ser ampliado posteriormente por quienes les sea de interés. Mi objetivo desde el inicio ha sido que el profundo amor de Dios demostrado a través de Jesucristo y traído a nuestro corazón por el Espíritu Santo nos impulse a temer a Dios entendiendo con mayor claridad el significado de este sentimiento tan misterioso y del cual se ha escrito tan poco aun siendo tan humano.

Para entender algo tenemos que ir decididamente a su raíz más profunda. Y si el temor es un problema (como ya demostré que no es así en todos los casos) la mejor manera de resolverlo es encontrar sus raíces, ya que al conocer su significado y operación, mediante el poder de Dios lo ahorcaremos, mataremos y le mantendremos muerto.

Dios es un Dios de orden, la confusión en cuanto al conocimiento del temor es lo que nos lo ha traído en muchos de los casos; más ahora que hemos identificado sus principales raíces podemos orar con precisión mientras nos sometemos a Dios, seamos sanados y temamos a lo que realmente debemos de temer: Sólo a Dios.

Si desea escribirnos puede hacerlo a la siguiente dirección de correo electrónico:

ministryofcounselling@hotmail.com

¡Dios le bendiga!

Conclusión final

Bibliografía Selecta

1.- Antropología del miedo por A. Oriol Anguera, México, D.F.: B. Costa-Amic, 1974.

2.- El miedo por Pierre Mannoni; traducción de Marcos Lara, México: Fondo de Cultura Económica, 1984.

3.-No te des por vencido, libro de consulta para sanar las heridas por David Wilkerson, Ed. Vida 1997.

4.- El tesoro de David, Vol. 1 por C.H. Spurgeon, Ed. CLIE, Terrassa, 1989.

5.- Cómo jugar con su bebé: guía de actividades para el autodescubrimiento y desarrollo del niño durante el primer año por Pat Petrie, Bogotá: Norma, c1988.

6.- Ensayos / Abraham Lincoln; recopilación e introducción de Don E. Fehrenbacher México: Editorial Pax, 1969.

7.- Tipos humanos: una introducción a la antropología social por Raymond Firth Pie Buenos Aires: EUDEBA, 1963 segunda edición.

8.- Bioética Cristiana: Una propuesta para el tercer milenio por Antonio Cruz, Ed. CLIE, Terrassa, Barcelona, 2000.

9.- Cómo funciona el cerebro? : I Encuentro sobre Fronteras de la Ciencia: Valladolid, 24 y 25 de Octubre de 1996 por José Botella Llusiá, Francisco Mora (Coordinadores) [Valladolid]: Universidad de Valladolid; [Soria]: Fundación Duques de Soria, 1998.

10.- Cómo nos emocionamos por Antonio Fernández de Molina conferencia pronunciada en el 1er encuentro sobre fronteras de la ciencia: Valladolid, 1996.

11.- Cortical systems for retrieval of concrete knowledge: The convergence zone framework por Antonio R. Damasio and Hanna Damasio, artículo incluído en Large-scale neuronal theories of the brain editado por Christof Koch and Joel L. Davis; Cambridge, Mass. : MIT Press, c1994.

12.- Psicología de la angustia y la timidez por Joao de Sousa Ferraz; Buenos Aires: Editorial Américalee, 1962.

13.- Terror y terrorismo por Julio Caro Baroja; Esplugues de Llobregat, Barcelona: Plaza & Janés, 1989 Edición 2 Ed.

14.- El cine de terror: una introducción por Carlos Losilla; Barcelona: Paidós, 1993.

15.-Geometría de las pasiones: miedo, esperanza, felicidad: filosofía y uso político por Remo Bodei; México: Fondo de Cultura Económica, 1995.

16.- El cristianismo evangélico a través de los siglos por Samuel Vila, Editorial Moody, Chicago, s.f. [Año 1950].

17.- The coming of the French Revolution, 1789 por Lefebvre Georges, 1874-1959, Tr. by R.R. Palmer. Published: Princeton Univ. Press., 1947.

18.- La psicología del miedo por Jeffrey A. Gray, Madrid: Ediciones Guadarrama, 1971.

19.- Manuel de psychiatrie por Ey Henri, Paris-New York-Barcelone: Masson, 1978 (53 Mayenne: impr. Barnéaud).

20.- Teoría de los Sentimientos por Agnes Heller, México, D.F. Fontamara, 1993.

21.- David Brainerd: his life and diary. Edited by Jonathan Edwards (with biographical skeatch of president Edward by Philip E. Howard Jr.); Ed. Moody Press, Chicago, c. 1949.

22.- Child Sacrifice at Carthage-in the Bible by Lawrence E. Stager & Samuel R. Wolff; Biblical Archaeology Review. Enero-febrero 1984, [citado por Ed Murphy en Manual de guerra espiritual, Editorial Betania, Nashville, TN, 1994].

23.- The dance of change: the challenges of sustaining momentum in learning organizations by Peter Senge... <et al>. Edition: 1st ed. Published: New York: Currency/Doubleday, 1999.

24.- Not in our genes: biology, ideology, and human nature by R.C. Lewontin, Steven Rose, and Leon J. Kamin. Edition: 1st ed. Published: New York: Pantheon Books, c1984.

25.-Revista Time, 31 de Octubre, 1969, artículo [citado por Manual de guerra espiritual por Ed. Murphy, Editorial Betania, Nashville, TN. 1994

www.ingramcontent.com/pod-product-compliance
Lightning Source LLC
Chambersburg PA
CBHW050251010526
44107CB00003B/278

* 9 7 8 6 0 7 0 0 4 7 6 9 5 *